Inhaltsseiten (grau)

Basisaufgaben über alle drei Anforderungsbereiche hinweg, mit denen Sie Neues lernen

Zusatzaufgaben, die vor allem der Anwendung und Vertiefung des Erlernten dienen sowie zusätzliche Aspekte erschließen

Auf den **Inhaltsseiten** erfolgt die Erarbeitung der Themen.

Arbeitsanhang: Kompetenzen vernetzen und überprüfen

Kompetenzseiten (grün)

Der **Arbeitsanhang** gibt Ihnen wertvolle Hilfen zur Vertiefung und Erweiterung Ihrer Kompetenzen.

Auf den Seiten **TERRA KOMPETENZ** können Sie Ihre Kompetenzen festigen und mit Aufgaben Ihren Arbeitsstand überprüfen.

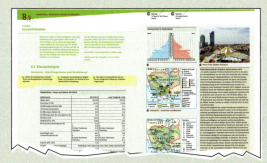

Alle wichtigen Grundbegriffe sind im Text fett ausgezeichnet, im **Glossar** definiert und über das Register zu finden.

Mit dem **Klausurtraining** können Sie sich auf die Klausuren in der Oberstufe und damit auf die Abiturklausur vorbereiten.

Schließlich sind auf dem hinteren inneren Buchumschlag die Anforderungsbereiche und Operatoren für die Aufgaben erklärt.

Umschlagbild: Reisfelder im Nordwesten Vietnams (MuCangChai)
Getty Images Plus (cristaltran), München

1. Auflage 1 5 4 3 2 1 | 24 23 22 21 20

Alle Drucke dieser Auflage sind unverändert und können im Unterricht nebeneinander verwendet werden.
Die letzte Zahl bezeichnet das Jahr des Druckes.
Das Werk und seine Teile sind urheberrechtlich geschützt. Jede Nutzung in anderen als den gesetzlich zugelassenen Fällen bedarf der vorherigen schriftlichen Einwilligung des Verlages. Hinweis § 60 a UrhG: Weder das Werk noch seine Teile dürfen ohne eine solche Einwilligung eingescannt und in ein Netzwerk eingestellt werden. Dies gilt auch für Intranets von Schulen und sonstigen Bildungseinrichtungen. Fotomechanische oder andere Wiedergabeverfahren nur mit Genehmigung des Verlages.

© Ernst Klett Verlag GmbH, Stuttgart 2020. Alle Rechte vorbehalten. www.klett.de
Das vorliegende Material dient ausschließlich gemäß § 60b UrhG dem Einsatz im Unterricht an Schulen.

Autoren: Dr. Friedhelm Frank, Grafengehaig; Dr. Wilfried Korby, Korb; Arno Kreus, Aachen
Mit Beiträgen von: Norbert von der Ruhren (†), Aachen
Redaktion: Sylvia Jakuscheit, redaktion.jakuscheit.de

Entstanden in Zusammenarbeit mit dem Projektteam.

Gestaltung: Nathanaël Gourdin & Katy Müller GbR, Leipzig
Umschlaggestaltung: Nathanaël Gourdin & Katy Müller GbR, Leipzig
Illustrationen: Bettina Eckenfelder, Hörselberg-Hainich; Diana Jäckel, Erfurt; Wolfgang Schaar, Grafing
Karten: mapvertise, Ludwigsfelde (Antje Burisch)
Satz: satz.zeichen, Diana Jäckel, Erfurt
Reproduktion: Druckmedienzentrum Gotha GmbH, Gotha
Druck: Firmengruppe APPL, aprinta druck, Wemding

Printed in Germany
ISBN 978-3-12-104814-4

Dr. Friedhelm Frank, Dr. Wilfried Korby, Arno Kreus

TERRA

Südostasien

Ernst Klett Verlag
Stuttgart · Leipzig

INHALT

1 Südostasien – Vielfalt als Merkmal   6

1.1 Insellage als Gunstfaktor   7

1.2 Vielfalt im Spiegel der Statistik   8

1.3 Kulturelle Vielfalt   9

1.4 Aus Handelsplätzen werden Kolonien   10

1.5 Im Spannungsfeld der Großmächte   12

2 Naturräumliche Herausforderungen   14

2.1 Naturgefahren im Überblick   15

2.2 Tektonische Brisanz   16
Vulkanismus und Erdbeben   16
Tektonischer Risikoraum   17

2.3 Tsunami – Gefahr vom Meer   18
Tsunami – Katastrophe für Mensch und Raum   18
Früherkennung und Schutzmaßnahmen   19

2.4 Tropische Wirbelstürme – Taifune und Zyklone   20

2.5 Klimaphänomene als Herausforderung   22
Monsun – Segen und Fluch   22
El Nino – Dürre und Brände   23

3 Landwirtschaft zwischen Subsistenzproduktion und Agrobusiness   24

3.1 Landwirtschaft Südostasiens im Überblick   25

3.2 Reisanbau und Grüne Revolution   26
Reisanbau   26
Grüne Revolution in Südostasien   27
Kritik an der Grünen Revolution   27

3.3 Plantagen in der Diskussion   28

3.4 Aquakulturen – Eiweiß für Viele   30

4 Entwicklung durch Ferntourismus?   32

4.1 Wirtschaftliche Bedeutung des Tourismus für Südostasien   33

4.2 Grundlagen und Perspektiven des Tourismus   34

4.3 Tourismusdestination Thailand   36
Touristische Entwicklung   36
Wirtschaftliche Effekte   37
Abbau räumlicher Disparitäten durch Tourismus?   38

4.4 Tourismus und nachhaltige Entwicklung   40
Nachhaltiger Tourismus   41
Tourismus und ökologische Nachhaltigkeit   42
Tourismus und soziokulturelle Nachhaltigkeit   43

Legende:
TERRA **METHODE**
TERRA **KOMPETENZ**

5

Aktiv- und Passivräume Südostasiens 44

5.1 Räumliche Disparitäten –
Erscheinungsformen und Ursachen 45
    Ausprägung räumlicher Disparitäten 45
    Ursachen räumlicher Disparitäten 46
    Beispiel Timor-Leste –
    Passivraum mit Zukunftschancen? 47

5.2 Räumliche Disparitäten konkret:
Thailand, Myanmar und Indonesien 48
    Thailand und Myanmar –
    zwischenstaatliche Disparitäten 48
    Indonesien – innerstaatliche Disparitäten 52

5.3 Räume entwickeln 54
    … durch regionale Zusammenarbeit 54
    … durch internationale Kooperation 56

5.4 Themengeleitete Raumanalyse: 58
    Vietnam: Investitionspotenzial analysieren 58

6

Metropolisierung als Folge weltwirtschaftlicher Verflechtungen 64

6.1 Verstädterung und Metropolisierung
    in Südostasien 65
    Kolonialzeitliche Stadtentwicklung 66
    Urbanisierung im Rahmen der Globalisierung 67
    Metropolisierung und Megapolisierung 68
    Aufstieg von Metropolen zu Global Citys 70
    Beispiel Singapur 72

6.2 Schattenseiten der Metropolisierung 74
    Flächenverbrauch und Umweltprobleme 74
    Marginalisierung und Segregation 76
    Hohe Verwundbarkeit 78

7

Wirtschaftsbündnisse in ihrer globalen Bedeutung – ASEAN 80

7.1 Wirtschaftsbündnis ASEAN 81
    Handels- und Wirtschaftsverflechtungen 81
    Wirtschaftsbündnisse 82

7.2 Etappen der wirtschaftlichen Entwicklung
    der ASEAN-Staaten 84

7.3 ASEAN – globale Integration 86
    Ausländische Investitionen 86
    Globale Partnerschaften 88

8

Arbeitsanhang – Kompetenzen vernetzen und überprüfen 90

8.1 Kompetenzen vernetzen 91

8.2 Kompetenzen überprüfen 92

8.3 TERRA Klausurtraining 94
    Klausurbeispiel: Kambodscha – Entwicklungs-
    chancen durch Globalisierung? 94

8.4 Glossar 97

8.5 Sachregister 99

8.6 Nachweise 101

    Anforderungsbereiche und Operatoren 104

1 Südostasien – Vielfalt als Merkmal

Unser Bild von Südostasien ist oft von Reisterrassen, Vulkanen, Naturkatastrophen, Traumstränden und von elenden Arbeitsbedingungen in der Bekleidungsindustrie geprägt.
Bei näherer Beschäftigung mit dem Raum erkennen wir, wie differenziert er ist. Dies gilt zum Beispiel für Kultur, Religion, wirtschaftliche Entwicklung und die Regierungsformen. Dort leben Christen, Muslime und Buddhisten. Es gibt Demokratien, Monarchien und Diktaturen. Singapur gehört zu den reichsten Ländern der Erde und in Timor-Leste gibt es Regionen, in denen die Menschen noch wie zu Zeiten vor der Industrialisierung leben.

Südostasien war wegen seiner Lage zwischen Indischem Ozean und Pazifik immer eine Durchgangsregion. Vor allem der Einfluss Indiens und Chinas prägte die Kultur dieses Raumes. Mit Seefahrern aus Arabien kam der Islam nach Südostasien. Europäische Kaufleute brachten das Christentum und erklärten diesen Raum zu ihrem wirtschaftlichen Interessengebiet. Südostasien war der Raum, in dem der Pfeffer wächst.
Gemeinsame Merkmale der Region sind:
– die verkehrsgünstige Lage an einem Kreuzungspunkt des Welthandels,
– der freie Zugang nahezu aller Länder zum Meer (einzige Ausnahme: Laos),
– die Nachwirkungen des kolonialzeitlichen Erbes und
– das Bestreben nach einer schnellen und erfolgreichen wirtschaftlichen Entwicklung.

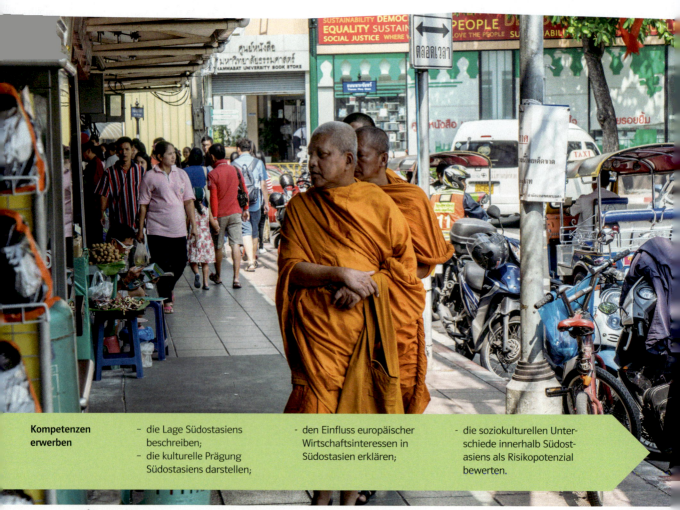

Kompetenzen erwerben
- die Lage Südostasiens beschreiben;
- die kulturelle Prägung Südostasiens darstellen;
- den Einfluss europäischer Wirtschaftsinteressen in Südostasien erklären;
- die soziokulturellen Unterschiede innerhalb Südostasiens als Risikopotenzial bewerten.

1 Buddhististische Mönche im 21. Jahrhundert

1.1 Insellage als Gunstfaktor

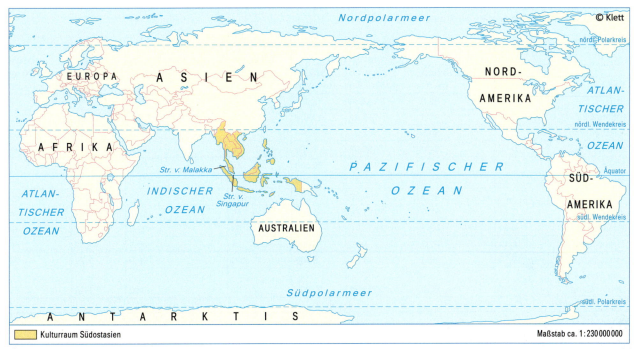

1 Weltkarte aus der Sicht des Pazifiks

Südostasien umfasst die weit nach Südosten vorspringende Südostasiatische Halbinsel und den Malaiischen Archipel. Die Begriffe Vorder- und Hinterindien gelten als überholt, da sie die eurozentrische Weltsicht beschreiben.

Mit Ausnahme von Laos haben alle Länder einen direkten Zugang zum Meer, wodurch der Kontakt zu anderen Regionen und damit auch zu anderen Kulturen eine lange Tradition hat.

Betrachtet man die Lage Südostasiens auf einer für uns Europäer ungewohnten Weltkarte, die den Pazifik in den Mittelpunkt rückt, sehen wir, dass die Region aus dieser Sicht eine zentrale Lage in der Welt einnimmt. Dies macht sie in einer Zeit immer enger werdender globaler Vernetzungen zu einem räumlichen Schwerpunkt der internationalen wirtschaftlichen Entwicklung, besonders im Bereich Transport und Logistik.

Gegenwärtig ist eine Verlagerung expandierender wirtschaftlicher Kernräume von den Anrainerstaaten des Atlantiks hin zu den am Pazifik gelegenen Regionen (China, Japan, Korea und die Westküste Nordamerikas) zu beobachten. Das beflügelt die wirtschaftliche Entwicklung vieler Länder dieser Region.

Die Meerenge von Malakka – Asiens Hauptschlagader für Öl

„Die Route vom Indischen Ozean durch die Meerenge von Malakka in den Pazifik ist eine wichtige Tankerroute – sie ist das weltweit wichtigste Nadelöhr für den Rohöltransport, gleich nach der Straße von Hormus. Im Phillip Channel nahe Singapur wird es bei einer keine zwei Seemeilen weiten Fahrrinne richtig eng. Der flachste Teil des Seewegs erlaubt mit seiner Tiefe von 25 Metern gerade noch die Befahrung durch VLCC-Tanker (*very large crude carrier*).

Und doch werden hier 25 % des Welthandels durchgeschleust. Dazu gehören 90 % der Energieträger, die Japan und Südkorea am Laufen halten. Oder 80 % der chinesischen Ölimporte, das sind 20 % des chinesischen Bedarfs – im Konfliktfall leicht zu blockieren. ...

Der Verkehr in der Meerenge stieg 2017 auf ein Allzeithoch von 84 456 Schiffen. 6711 davon waren VLCC-Tanker. Für die Zukunft gibt es bisher keine Anzeichen eines Rückgangs. Mit einem weiteren Anstieg könnte die Höchstkapazität des Schiffsverkehrs vor Ort überschritten werden, die bei 122 000 Schiffen pro Jahr angesiedelt ist."

Bernd Schröder: Wie China das Malakka-Dilemma umschiffen will. In: www.heise.de vom 10.05.2018 (Zugriff: 22.01.2020)

2

1 Beschreiben Sie die Lagegunst Südostasiens im globalen Seehandel.

1.2 Vielfalt im Spiegel der Statistik

Auswahl statistischer Angaben zu Staaten Südostasiens

Land	Ärzte/ 1 000 Ew.	Alphabeten (in %)	Jährlicher Stromverbrauch (kWh/Ew.)	BSP/Ew. (in US-$)	Internetnutzer (in %)	Zugang der ländl. Bevölkerung zu sauberem Trinkwasser (in %)	Fruchtbarkeitsrate	Lebenserwartung (in Jahren)
Brunei	1,77	96,0	8 165,30	78 900	95	k. A.	1,77	77
Indonesien	0,38	95,4	758,41	12 400	65	79,5	2,08	76
Kambodscha	0,14	80,5	301,04	4 000	34	89,1	2,47	65
Laos	0,50	84,0	585,97	7 400	26	69,4	2,65	65
Malaysia	1,50	94,6	4 181,12	29 100	80	93,0	2,48	75
Myanmar	0,86	75,6	232,10	6 300	31	74,4	2,13	68
Philippinen	1,28	96,3	700,23	8 400	60	70,8	2,69	69
Singapur	2,31	97,0	7 771,86	94 100	84	k. A.	0,84	85
Thailand	0,81	92,9	2 452,79	17 000	53	98,0	1,52	76
Timor-Leste	0,12	67,5	k. A.	6 000	28	60,5	4,67	68
Vietnam	0,82	94,5	1 383,96	6 900	70	96,9	1,79	74
zum Vergleich Deutschland	4,20	99,0	6 395,90	50 800	84	100	1,46	81

Eigene Zusammenstellung nach verschiedenen Quellen, v. a. Statista, CIA World Factbook

1

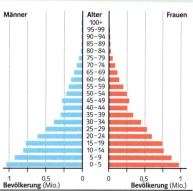

Timor-Leste – Altersstruktur 2018
Nach CIA World Factbook: Timor-Leste 2018

2

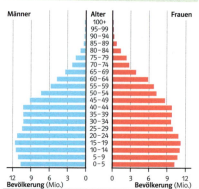

Indonesien – Altersstruktur 2018
Nach CIA World Factbook: Indonesien 2018

4

Indonesien

„Wohlstand, westlicher Einfluss und eine häufig daran orientierte Jugendkultur, aber auch eine zunehmende Bedeutung islamischer Wertvorstellungen haben in den letzten Jahrzehnten zu einem deutlichen Wandel geführt. Ein verbessertes Bildungssystem ... und der zunehmende Kontakt zur Außenwelt im Internet haben ein Hinterfragen der alten Werte zur Folge. Der Verlust der Großfamilie und die zunehmende Verbreitung von Einfamilienhaushalten haben eine Umorientierung ... mit sich gebracht. Die traditionellen Adat-Systeme, die die hierarchische Struktur der Gesellschaft als notwendige Grundlage des menschlichen Zusammenlebens sahen, werden damit ihrer Basis beraubt. Modernität ist jedoch nicht gleichzusetzen mit einer Hinwendung zu westlichen Wertvorstellungen. Seit der Jahrtausendwende wird es auch bei Jugendlichen zunehmend populär, sich islamisch zu kleiden und islamische Wertvorstellungen zu übernehmen. Prediger wie der populäre Aa Gym predigen einen weltoffenen, liberalen Islam, der bei vielen jungen Menschen gut ankommt."

Nach Klaus Fuhrmann: Indonesien. In: LIPortal.de, 2020 (Zugriff: 22.01.2020)

5

Timor-Leste Wirtschaftsentwicklung

„Timor-Leste befindet sich im Übergang von einem gewaltsamen Konflikt hin zu einem stabilen Friedensprozess und dem Aufbau einer Nation. Das Land zählt zu den am wenigsten entwickelten Ländern (least developed countries, LDC). Die soziale Lage ist geprägt von struktureller Armut und bleibenden traumatischen Erfahrungen der Vergangenheit."

Nach Monika Schlicher: Osttimor. In: LIPortal.de, 2020 (Zugriff: 22.01.2020)

3

1 Charakterisieren Sie den Stand der Entwicklung von Timor-Leste und von Indonesien.

2 Vergleichen Sie die beiden Länder anhand der gegebenen Daten mit den anderen Ländern Südostasiens.

1.3 Kulturelle Vielfalt

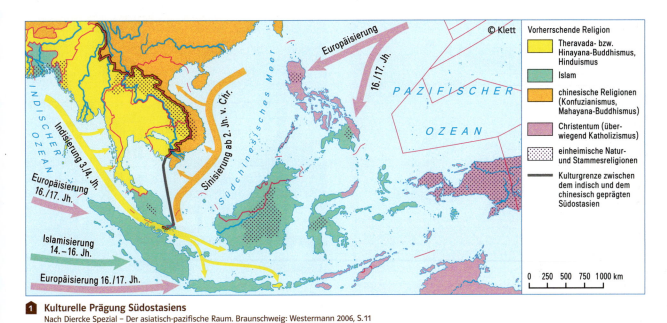

1 Kulturelle Prägung Südostasiens
Nach Diercke Spezial – Der asiatisch-pazifische Raum. Braunschweig: Westermann 2006, S. 11

Die kulturelle Vielfalt Südostasiens ist das Ergebnis indischer, chinesischer, arabischer und europäischer Einflüsse. Sie zeigt sich im Nebeneinander der großen Weltreligionen Buddhismus, Islam und Christentum. Diese Religionen haben die Geschichte und die Kultur der Länder geprägt.

Indisierung. Der indische Einfluss wirkte ab dem 1. Jh. n. Chr. vornehmlich entlang der Seehandelsrouten im westlichen Hinterindien und erfasste auch die Inseln Sumatra und Java. Die am weitesten reichenden kulturellen Folgen hatte die Ausbreitung des Hinduismus und des Buddhismus. Vergleichbar mit dem Latein im Europa des Mittelalters wurde Sanskrit zur einheitlichen Sprache von Religion und Wissenschaft in Südostasien.
Eine weitere Folge der Ausbreitung der indischen Kultur waren monarchistische Regierungsformen. Sie ermöglichen aufwendige Kollektivvorhaben wie Bewässerungs- und Drainagesysteme, Straßenbau sowie Stadtbefestigungen. Trotz des großen Einflusses war Indien nie bestrebt, seinen Herrschaftsbereich nach Südostasien auszudehnen.

Sinisierung. Der Einfluss Chinas prägte ab dem 2. Jh. unserer Zeit hauptsächlich den Osten der Südostasiatischen Halbinsel, das heutige Vietnam. Mit der Sinisierung ist die Verbreitung von Buddhismus und Konfuzianismus in diesem Teil Südostasiens verbunden. Die Herrschaftsformen, die Silbensprache sowie Handwerk und Bewässerungskunst haben chinesische Wurzeln. Im Gegensatz zu Indien war der Einfluss Chinas von Anfang an mit dem Anspruch auf die politische Oberherrschaft in der Region verbunden, die China über Jahrhunderte hinweg auch immer wieder ausübte.

Islamisierung. Der von Mohammed um 600 n. Chr. gestiftete Islam hat seine Keimzelle auf der Arabischen Halbinsel. Von dort aus wurde er von Seefahrern entlang der Schifffahrtsrouten nach China zunächst an den Küsten der heutigen Staaten Malaysia, Indonesien und Brunei verbreitet.

Europäisierung. Mit der Entdeckung des Seewegs nach Indien und Südostasien (Vasco da Gama 1498) begann der Einfluss der Europäer in dieser Region. Ein Motiv war die besonders auf den Philippinen und in Timor-Leste erfolgreiche Ausbreitung des Christentums. In erster Linie waren die Aktionen der Europäer jedoch von wirtschaftlichen Interessen geleitet.

In Indonesien, Malaysia und Brunei ist der Islam Staatsreligion.

Indonesien ist das bevölkerungsreichste islamische Land der Welt.

1 Beschreiben Sie anhand der Karte die kulturelle Prägung Südostasiens.

1.4 Aus Handelsplätzen werden Kolonien

1 Ankunft der Niederländer auf Java 1596

3 Historisches Museum in Jakarta: niederländische Kolonialarchitektur

Globalisierung im Zeichen des Pfeffers

Die neuen Handelsrouten auf dem Seeweg nach Ost- und Südostasien hatten weitreichende Folgen. Nahezu über Nacht verfielen Hafenstädte am Mittelmeer wie Venedig und Genua in Bedeutungslosigkeit, während für die Häfen am Atlantik und an der Nordsee eine Blütezeit begann.

2 Siegel der VOC

Schon seit der Antike pflegte Europa Handelsbeziehungen mit Asien. Doch der Weg über die Seidenstraße war aufwendig und riskant. Der Seeweg ums Kap der Guten Hoffnung eröffnete dagegen freien Zugang zu den hoch entwickelten Märkten Asiens. Über den neuen Handelsweg wurden Gewürze wie Pfeffer, Gewürznelken, Muskat und Zimt eingeführt, die im Europa des Mittelalters und der frühen Neuzeit einen immensen Wert darstellten. Sie waren nicht nur zum Würzen von Speisen, sondern auch als Konservierungsstoffe und Grundlage für Arzneimittel unverzichtbar.

Aufgrund der hohen Gewinnerwartungen aus dem Überseehandel begannen europäische Staaten Anfang des 16. Jh., Entdeckungsfahrten zu unternehmen und Handelsniederlassungen zu gründen und zu fördern. So wurde die gewaltsame Erschließung der „Gewürzroute" nach Asien zum Ausgangspunkt für die europäische Expansion und die Kolonialisierung weiter Gebiete v. a. durch Portugiesen, Spanier, Engländer, Niederländer und Franzosen.

Nachdem die Portugiesen zunächst Ostindien für sich erschlossen hatten, wurden sie im 17. Jh. von zwei privaten, aber staatlich privilegierten Unternehmen verdrängt. Die 1602 aus einer Reihe kleinerer Vorläufer entstandene Niederländische Ostindien-Kompanie (VOC) und die schon 1600, aber ohne vergleichbare Vorgänger gegründete englische East India Company (EIC) waren erste Weltkonzerne. Während die Engländer ihre wirtschaftlichen Aktivitäten mehr und mehr auf Indien konzentrierten, wurde Südostasien zum hauptsächlichen Aktionsfeld der Niederländer.

1619, also gerade 17 Jahre nach der Gründung der VOC, wurde Batavia, das heutige Jakarta, gegründet und Hauptsitz der Kompanie. Bis 1665 hatten die niederländischen Kaufleute die Portugiesen fast vollständig aus Ostindien verdrängt und sich das Monopol in der Region gesichert.

Das Interesse der Europäer in Südostasien beschränkte sich zunächst hauptsächlich auf wirtschaftliche Aktivitäten. Zum Ende des 18. Jh. hin änderte sich diese machtpolitische Situation grundlegend. Finanzielle Probleme der Handelskompanien und das Expansionsstreben der europäischen Großmächte beendeten die Zeit der Herrschaft der Kaufleute. Zunehmend bestimmten machtpolitische Erwägungen die Politik der Europäer. Mit Ausnahme Siams (des heutigen Thailands) wurde Südostasien zum Kolonialgebiet der europäischen Großmächte.

Konflikte als Erbe der Vergangenheit

„[Ein Faktor, der] bis heute in Südostasien für Konfliktstoff sorgt, hat mit der kolonialen Vergangenheit zu tun. Zum einen hat kein Land seine Unabhängigkeit ohne Kampf erhalten; … zum anderen hat der Kolonialismus unzählige Spannungszonen geschaffen. So wurde aus dem niederländischen Kolonialreich in Form von Indonesien ein äusserst heterogener Staat geschaffen, der – wie Irian Jaya und Aceh zeigen – von Geburt an ethnisch-kulturellen Sprengstoff barg. Aus der Hinterlassenschaft Portugals in Osttimor ist ein Problemfall geworden …
[Ein weiteres] Erbe, das das friedliche Zusammenleben in Südostasien belastet, ist aus dem Kolonialismus abgeleitet und hat mit dem Zentralismus zu tun. Als Reaktion auf die jahrhundertelange Dominanz fremder Mächte stand nach dem Zweiten Weltkrieg die Schaffung nationaler Identitäten im Vordergrund. Dabei wurden die fremden Administrationen kurzerhand durch eigene zentralistische Strukturen ersetzt. Die Hauptstädte der neuen jungen Staaten, Jakarta, Manila, Rangun, Phnom Penh, Vientiane, entpuppten sich bald als neue Machtzentren, wo alle Fäden zusammenliefen, unter dem Mäntelchen des nation building … perfektioniert. Andere Staaten wie Kambodscha, Vietnam, Laos, Brunei und Singapur haben ihre eigenen zentralistischen Muster entwickelt, deren totalitärer Kern erhalten geblieben ist."

Nach Südostasiens verdeckte Spannungsfelder. In: Neue Zürcher Zeitung, 14.2.2007 (Zugriff: 22.01.2020)

Myanmar und die Rohingya

Im überwiegend buddhistischen Myanmar lebt mit der Ethnie der Rohingya eine muslimische Minderheit, die von der Mehrheitsbevölkerung als Fremdkörper stigmatisiert wird und immer wieder unter Repressalien bis hin zu Vertreibung und Massenmorden zu leiden hat.
Im Staatsbürgerschaftsrecht von Myanmar werden 135 einheimische Bevölkerungsgruppen ausgewiesen, die Rohingyas sind nicht darunter.
Da sie deshalb nicht die Staatsbürgerschaft des Landes besitzen, sind sie de facto rechtlos und haben auch kein gesichertes Bleiberecht.

5 Rohingya auf der Flucht

Rohingya – eine diskriminierte muslimische Minderheit

„Frauen und Mädchen seien regelmäßig Opfer von Gruppenvergewaltigungen geworden und dabei auch noch gefoltert worden. Das Ausmaß der sexuellen Gewalt lasse keinen Zweifel daran, dass die Armee Vergewaltigungen als „Kriegstaktik" eingesetzt habe. Die muslimische Minderheit der Rohingya wird in Myanmar, dem ehemaligen Burma, seit Jahrzehnten unterdrückt und diskriminiert. Die Lage eskalierte im vergangenen Jahr, nachdem Rohingya-Rebellen bei Angriffen mehrere Grenzwächter töteten. Das Militär in dem mehrheitlich buddhistischen Land reagierte mit brutaler Gegengewalt.
Allein zwischen August und Dezember 2017 flohen mehr als 700 000 Rohingya vor dem Militär ins Nachbarland Bangladesch. Die dortige Regierung will trotz internationaler Proteste im Oktober damit beginnen, 100 000 Flüchtlinge auf eine abgelegene Insel zu bringen."

Nach UN-Vorermittlungen zu Vertreibung von Rohingya starten. In: www.kleinezeitung.at, 19.09.2018 (Zugriff: 22.01.2020)

---

1 Charakterisieren Sie die Interessen der Europäer in Südosteuropa.

2 Die Handelskompanien waren die ersten Global Player in der Weltgeschichte. Begründen Sie.

3 Erläutern Sie, warum Konflikte in Südostasien, mehr als sonst auf der Welt, innerstaatliche Phänomene sind.

1.5 Im Spannungsfeld der Großmächte

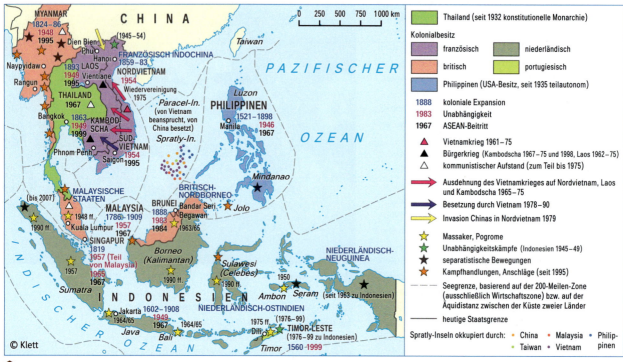

1 Südostasien nach 1945
Nach Karl Vorlaufer: Südostasien. Darmstadt: Wissenschaftliche Buchgesellschaft. 3. Auflage, 2018, S. 8

Nach Beendigung des Zweiten Weltkrieges rangen die beiden im Krieg noch verbündeten Großmächte USA und UdSSR um die Vormachtstellung in der Welt. In Südostasien kam nach und nach die Volksrepublik China als dritter Akteur hinzu. Während im Nachkriegseuropa durch die Machtaufteilung entlang des Eisernen Vorhangs die Herrschaftsansprüche klar abgegrenzt waren, existierte in Südostasien, vor allem auf dem südostasiatischen Festland, ein Machtvakuum. In Südostasien wurden die französischen Kolonialherren besiegt (Điên Biên Phú, 1954). Sie zogen sich aus den Ländern Vietnam, Laos und Kambodscha zurück. Vietnam wurde neben Deutschland und Korea als dritter Staat der Welt geteilt. Nach dem Genfer Friedensabkommen (1954) verlief die Grenze zwischen Nord- und Südvietnam entlang des 18. nördlichen Breitengrades. Nach vorgesehenen Neuwahlen sollte das Land wiedervereinigt werden. Südvietnam und die USA verhinderten diese Wahlen jedoch aus Angst vor einem kommunistischen Wahlsieg. Der „Vietnamkrieg" wurde in den 1960er-Jahren zur grausamsten und folgenreichsten militärischen Auseinandersetzung mit kolonialem Hintergrund. In aussichtsloser Lage zogen sich die USA 1973 zurück. Südvietnam wurde schon zwei Jahre später von Nordvietnam besiegt. Seitdem sind Nord- und Südvietnam zur Sozialistischen Republik Vietnam wiedervereinigt worden. Kennzeichen für die aktuelle Entwicklung ist der zunehmende Einfluss Chinas in diesem Raum.

2 Chinas „Neue Seidenstraße" im Spiegel von Schlagzeilen

Chinas wachsender Einfluss

„Sicherung der Seehandelsrouten ist für China existenziell. ... Als ‚natürliche' Startpunkte der maritimen Seidenstraße sehen sich die Provinzen mit Küstenlinie wie Fujian oder das bereits genannte Guangxi. Die Seeroute über Afrika nach Europa verläuft zunächst durch das Südchinesische Meer, um die Südspitze der malaysischen Halbinsel, an Singapur vorbei durch die Straße von Malakka in den Indischen Ozean.

Neben der Entwicklung der wirtschaftlich eher rückständigen Südwestprovinzen und der Erschließung neuer Märkte im Ausland will China sich vom Nadelöhr der Malakka-Straße unabhängiger machen. Diese ist nicht nur immer wieder von Piraten bedroht, sondern zudem im Krisenfall verhältnismäßig leicht zu blockieren."

Stefanie Schmitt: Mit der neuen Seidenstraße erweitert China seine Spielräume in Südostasien (06.11.2017), Unter: www.gtai.de (Zugriff: 21.04.2020)

3

5 Bangkok – Chinatown

Auslandschinesen – erfolgreich – aber wenig geliebt

Der politische Einfluss Chinas auf die Staaten Südostasiens wächst beständig. Der gesamte Raum steht aber schon seit Langem unter dem ökonomischen Einfluss von zugewanderten Chinesen, die sich im Tertiären Sektor betätigen.

Die Malakka-Halbinsel war ebenso wie andere Regionen des ost- und südostasiatischen Raums schon vor dem Eintreffen der Europäer Ziel chinesischer Zuwanderung. Die europäische Kolonisation seit dem 16. Jh. gab den Impuls für erneute umfangreiche Zuwanderung v. a. aus den südchinesischen Provinzen Fujian und Guangdong. Die zuwandernden Chinesen erweiterten ihre wirtschaftlichen Betätigungsfelder: Eigentum an Grund und Boden war den Chinesen im malaysisch-indonesischen Raum im Allgemeinen verwehrt. Daher konzentrierte sich die chinesische Wirtschaft zunehmend auf den Tertiären Sektor. Neben den traditionellen Handel trat seit dem 19. Jh. die Funktion des Kreditgebers.

Anteil der Auslandschinesen in Südostasien 2017

Land	Anteil (in %)
Brunei	3,0
Indonesien	1,2
Malaysia	20,6
Singapur	74,3

Nach IA World Factbook 2019

4

Das Bewusstsein ihrer ursprünglichen Herkunft ist bei den Auslandschinesen bis heute vorhanden. Die Pflege der chinesischen Gemeinschaft innerhalb eines kulturell anders geprägten Gastlandes, z. B. im Islam Malaysias oder Indonesiens, fördert die Abgrenzung gegenüber der einheimischen Bevölkerung. Die gemeinsame Herkunftsregion im Mutterland China ist dabei eine wichtige gemeinschaftsbildende Grundlage und prägt das gesamte soziale und wirtschaftliche Leben im Gastland. Nur selten kommt es zur Annahme der Kultur des Gastlandes.

Räumlich wahrnehmbar wurde die **Segregation** in den Chinatowns zahlreicher Großstädte.

Erfolgreich und unbeliebt. Wie so oft weckt wirtschaftlicher Erfolg ethnischer Minderheiten den Neid der Bevölkerungsmehrheit. In den Ländern Südostasiens kam und kommt es immer wieder zu Diskriminierungen und Übergriffen auf die chinesischstämmige Bevölkerung, bei denen oft viele Todesopfer zu beklagen waren. Bei der einheimischen Bevölkerung standen die Chinesen stets im Verdacht, mit den Herrschenden zu kooperieren und durch Korruption Privilegien zu erhalten.

Von den Regierungen der Gastländer wurden sie infolge der Revolution in China stets verdächtigt, Handlanger Pekings zu sein. Nach entsprechenden Verdächtigungen flohen 1960 in wenigen Wochen Hunderttausende Chinesen aus Indonesien.

1 Charakterisieren Sie die Entwicklung Südostasiens nach 1945.

2 Stellen Sie die Rolle der Auslandschinesen in der Wirtschaft Südostasiens dar.

2 Naturräumliche Herausforderungen

Die Hinweise auf einen bevorstehenden Vulkanausbruch verdichteten sich. Eine Reihe leichterer Erdbeben zeigte an, dass im Innern des Schlots Magma aufstieg, die Oberfläche begann sich anzuheben, im Kratersee stieg die Temperatur. Am 13. Februar 2014 war es dann soweit: Der Vulkan Kelut (Karte 2) wurde wieder aktiv und schleuderte Aschewolken bis in Höhen von über 15 Kilometer. Der folgende Ascheregen bedeckte eine Fläche von 500 Quadratkilometern mit einer dicken, grauen Schicht. Die Sicht betrug teilweise nur wenige Meter. Im weiten Umkreis mussten alle Flughäfen geschlossen werden. Die Behörden evakuierten aus dem dicht besiedelten Gebiet am Fuße des Vulkans etwa 200 000 Menschen.

Die Vorsicht der Behörden war nicht übertrieben, gilt der Kelut doch als einer der gefährlichsten Vulkane auf der Insel Java. Historische Quellen belegen, dass seit dem Jahr 1500 rund 15 000 Menschen bei seinen Eruptionen getötet wurden. Das Beispiel des Kelut zeigt eine der Naturgefahren, denen der südostasiatische Raum ausgesetzt ist. Aufgrund der geologischen und klimatischen Bedingungen gibt es eine ganze Reihe weiterer Naturereignisse, die das Leben und Wirtschaften der Menschen bedrohen können. Deren Wirkung wird durch die Insellage bzw. lange, ungeschützte Küstenlinien verstärkt. Jedes Jahr verursachen Naturkatastrophen den Tod vieler Menschen und Sachschäden in Millionenhöhe.

Kompetenzen erwerben
- die räumliche Verbreitung der verschiedenen Naturgefahren Südostasiens beschreiben;
- Folgen von ausgewählten Naturkatastrophen darstellen;
- Ursachen der Naturgefahren erklären;
- Möglichkeiten und Probleme von Vorsorgemaßnahmen erörtern.

1 Ascheregen des Kelut im 200 km entfernten Yogyakarta – Februar 2014

2.1 Naturgefahren im Überblick

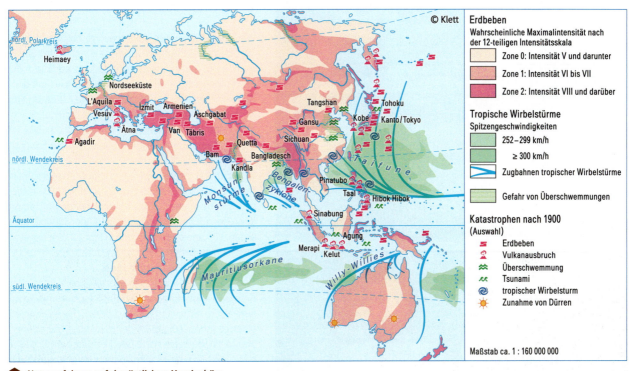

1 Naturgefahren auf der östlichen Hemisphäre

Südostasien: Naturrisiken

„Tektonik und Vulkanismus prägen Südostasien und seine Gesellschaften. Neben den Gefährdungen durch See- und Erdbeben und den dadurch ausgelösten Tsunamis sowie den häufigen Vulkanausbrüchen im sog. Feuergürtel ergeben sich hierdurch jedoch auch bedeutende nutzbare Ressourcen. Der Vulkanismus ist Basis fruchtbarer Böden insbesondere in Indonesien, er … ermöglicht eine geothermische Energiegewinnung und ist mit seinen Vulkanen, Kratern und Calderen eine touristische Attraktivität …
Während die Westküsten Hinterindiens im Nordsommer unter dem Regime des SW-Monsuns stehen, dominiert an den nördlichen Ostküsten der SO-Monsun … Die über das Südchinesische Meer strömenden feuchtwarmen Luftmassen erwärmen das Wasser auf über 26 °C: Dies ist die Voraussetzung für die Entstehung von Zyklonen und Taifunen … Aufgrund seiner Lage inmitten großer warmer Meere wird der nördliche und zentrale Teil des Archipels von häufigen tropischen Zyklonen [bzw. Taifunen] berührt. Von Juni bis Dezember dauert die Taifun-Saison … Viele (sog. Killer-)Taifune erreichen auf einzelnen Zugabschnitten mehr als 200 km/h: Von 1980 bis 2000 kamen durch Taifune ca. 16 000 Menschen ums Leben."

Karl Vorlaufer: Südostasien. Darmstadt: Wissenschaftliche Buchgesellschaft. 3. Auflage 2018, S. 15 und 31

2

1 Beschreiben Sie die räumliche Verteilung der Naturgefahren in Südostasien.

2 Vergleichen Sie die Gefährdung Südostasiens mit der von Afrika und Mitteleuropa.

3 Erklären Sie die Gefährdung der Megastädte Jakarta, Manila und Bangkok.

4 Ordnen Sie die Fallbeispiele der Folgekapitel (S. 14–21) nach dem Durcharbeiten in die Karte ein.

2.2 Tektonische Brisanz

1 Mount Pinatubo, auf der Insel Luzon, Philippinen, ca. 100 km nordwestlich von der Hauptstadt Manila

Vulkanismus und Erdbeben

Wie das Beispiel des Kelut gezeigt hat, ist Indonesien besonders durch Vulkanismus gefährdet (siehe auch Karte 2). Ähnliches trifft jedoch auch auf die Philippinen zu. Hier erfolgte am 15. Juni 1991 mit dem Ausbruch des Mount Pinatubo eine der größten vulkanischen Eruptionen des 20. Jahrhunderts. Bis in eine Höhe von 40 Kilometern wurden fünf Kubikkilometer Material ausgestoßen. Verschlimmert wurde die Situation dadurch, dass unmittelbar danach ein Taifun mit schweren Niederschlägen über die Insel fegte. Dass die Zahl der Toten, ungefähr 350, in diesem dicht besiedelten Raum nicht höher war, lag an der rechtzeitigen Evakuierung von über 120 000 Menschen. Vulkanologen auf der am Pinatubo gelegenen US-amerikanischen Clark Air Base hatten eine rechtzeitige Warnung herausgegeben.

Dass die Räume in der Nähe von Vulkanen trotz aller Gefahren in der Regel eine hohe Bevölkerungsdichte aufweisen, hat zwei Gründe. Sowohl die Philippinen als auch Indonesien, zwei der besonders betroffenen Staaten, haben eine hohe Bevölkerungszahl (105 Mio. bzw. 264 Mio.) bei gleichzeitiger Raumenge durch die Insellage sowie durch das oft steile Relief. Besiedelbare Fläche ist also ein knappes Gut. Der zweite Grund ist, dass vulkanische Böden eine hohe Fruchtbarkeit besitzen. Das ist wichtig in Räumen, in denen ein Großteil der Bevölkerung von der Landwirtschaft lebt. Sowohl im Hinblick auf Vulkanismus als auch auf Erdbeben (siehe Text 3) stellt sich die Frage, was die natürlichen Ursachen dafür sind, dass gerade Südostasien hier eine so starke Verwundbarkeit aufweist.

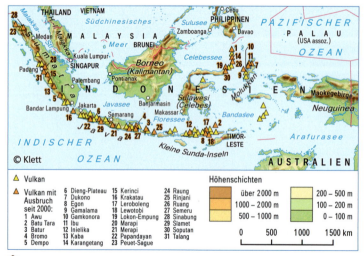

2 Indonesiens Vulkangebiete

Erdbeben in Myanmar

„Ein heftiges Erdbeben hat am Donnerstag [23.03.2011] den Nordosten Birmas [Myanmar] erschüttert und nach offiziellen Angaben mehr als 60 Menschen getötet. Der Erdstoß hatte nach Angaben des Geologischen Dienstes der USA die Stärke 6,8, sein Zentrum lag nördlich der Ortschaft Tachilek in den Bergen entlang der Grenze zu Thailand. Sogar in den Hunderte Kilometer entfernten Hauptstädten von Thailand und Vietnam, Bangkok und Hanoi, war er zu spüren. Wegen schlechter Kommunikationsverbindungen in dem Gebiet wurde befürchtet, dass die Zahl der Toten noch höher liegen könnte."

Starkes Erdbeben erschüttert Birma und Thailand. In: SZ vom 25.03.2011. Unter: www.sueddeutsche.de (Zugriff: 30.01.2020)

3

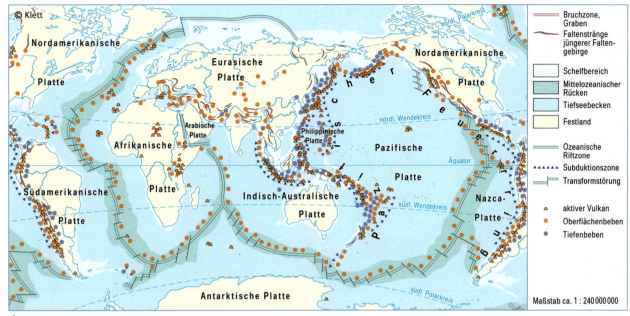

4 Platten, Vulkan- und Erdbebengebiete der Erde

Tektonischer Risikoraum

Südostasien liegt auf dem „Pazifischen Feuerring", hier insbesondere die Inselbögen des Malayischen Archipels. Mindestens zwei Drittel aller Vulkanausbrüche der Nacheiszeit haben hier stattgefunden. Auch starke Erdbeben treten entlang dieses Rings auf – finden sie untermeerisch statt, können sie Tsunamis auslösen (siehe 2.2).

Der Pazifische Feuerring steht in ursächlichem Zusammenhang mit der Plattentektonik. Die Erdkruste ist in zahlreiche größere und kleinere Platten zerbrochen, die sich voneinander weg- oder aufeinander zubewegen oder sich seitlich verschieben. Bei den konvergierenden Plattengrenzen, also wenn sich Platten aufeinander zubewegen, kommt es zur Subduktion. Vereinfacht gesagt, schiebt sich der Plattenrand mit der höheren Dichte unter den anderen Plattenrand. Durch das Schmelzen der subduzierten Platte bildet sich Magma, das in den Schwächezonen zwischen den Platten (Subduktionszonen) aufsteigt und zu Vulkanismus führt. Durch Spannungen, die sich bei der Subduktion in der Erdkruste aufbauen, sind diese Zonen gleichzeitig Gefährdungsräume für Erdbeben.

5

1 Beschreiben Sie die Fotos 1A und 1B.

2 Charakterisieren Sie wesentliche Zusammenhänge zwischen der Plattentektonik und dem Vorkommen von Vulkanismus und Erdbeben (Karten 2 und 4).

3 Erläutern Sie die in Abbildung 5 dargestellten Vorgänge.

4 Begründen Sie, inwiefern es berechtigt ist, in Südostasien von einer „tektonischen Brisanz" zu sprechen.

2.3 Tsunami – Gefahr vom Meer

Schematische Darstellung von Wellenparametern bei einem starken Tsunami

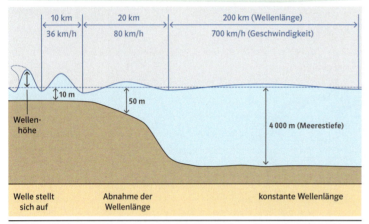

Nach Hans Gebhardt u. a. (Hrsg.): Geographie. Heidelberg: Spektrum Akad. Verlag 2007, S. 1046

1

Entstehung eines Tsunamis

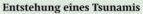

Nach Achim Kopf: Erdbeben, Hangrutschung und Tsunamis an Ozeanrändern. Bremen 2006, S. 68

3

2 Tsunami 2004: Banda Aceh, Sumatra, Indonesien

Tsunami – Katastrophe für Mensch und Raum

Am zweiten Weihnachtstag 2019 jährte sich die Tsunami-Katastrophe von 2004 exakt zum fünfzehnten Mal. Es war der schlimmste Tsunami in der Geschichte Südostasiens, der riesige Landstriche verwüstete, und dem 230 000 Menschen zum Opfer fielen. Er betraf 14 Länder, vor allem Indonesien und Thailand in Südostasien sowie die südasiatischen Staaten Sri Lanka und Indien. Allerdings war es keineswegs die letzte dieser verheerenden Flutwellen. Ende September 2018 forderte ein Tsunami auf der indonesischen Insel Sulawesi mehr als 1300 Tote. Nur zweieinhalb Monate später starben über 400 Menschen auf Sumatra und Java. Beide Male wurden Tausende Menschen verletzt und Zehntausende obdachlos. Ein anderer südostasiatischer Staat neben Indonesien, der besonders gefährdet ist, sind die Philippinen – auch sie verfügen aufgrund ihrer Insellage über eine besonders lange Küstenlinie. Die Gefährdung von Küsten mit ihren Häfen spiegelt sich auch im Wort „Tsunami" wider. Es kommt aus dem Japanischen und bedeutet „Hafenwelle" (tsu = Hafen, nami = Welle).

Die Auswirkungen auf Küstenformen und **Infrastruktur** sind zum einen wegen der Höhe der Wellen (bis zu 30 m) sehr groß, zum anderen aber auch, weil die Masse des Wassers das Hundertfache einer großen Sturmbrandungswelle erreichen kann. Siedlungen mit Wohnhäusern aus Lehm, Holz, Blech oder einfachen Betonblöcken, wie sie in Südostasien üblich sind, werden meist völlig zerstört. Ähnliche Folgen haben Tsunamis auf die Infrastruktur, von Straßen und Eisenbahngleisen bis hin zu den Fundamenten großer Brücken. Dazu kommt die Überschwemmung landwirtschaftlicher Nutzflächen, die dann wegen Versalzung oder Versandung für eine längere Zeit unbrauchbar geworden sind. Infolge von zerbrochenen Gasleitungen oder Kurzschlüssen kommt es darüber hinaus zu Bränden und Stromausfall. Ein besonders großes Problem sind gerade hier in tropischen Räumen die daraus folgenden Krankheiten und Seuchen.

1 Erklären Sie die Entstehung von Tsunamis (Abb. 1 und 3).

2 Beschreiben Sie die Gefahren, die von einem Tsunami ausgehen.

 Kontrollraum im Nationalen Tsunami-Frühwarnzentrum in Jakarta

GITEWS (German-Indonesian Tsunami Early Warning System) – ein Tsunami-Frühwarnsystem für Indonesien

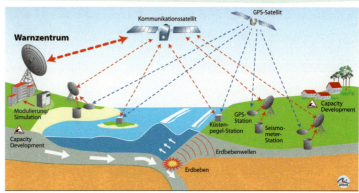

Faltblatt Tsunamiwarnung: Helmholtz-Zentrum Potsdam Deutsches GeoForschungsZentrum, S.2

Früherkennung und Schutzmaßnahmen

Mit deutscher Unterstützung hat Indonesien ein Tsunami-Frühwarnsystem installiert, um die Bevölkerung möglichst rechtzeitig über einen drohenden Tsunami zu informieren. Dadurch können z. B. die Menschen in gefährdeten Räumen evakuiert werden, indem man sie mit Lastwagen von Hilfswerken oder vom Militär in höher gelegene Regionen bringt. Hierzu gehört allerdings die Notwendigkeit, die Menschen mit Radios oder Fernsehern oder mit Mobilgeräten auszustatten, über die sie die Warnungen empfangen können. Außerdem muss die Evakuierung so vieler Menschen systematisch trainiert werden, beginnend mit der Vereinbarung von Treffpunkten bis hin zur Bereitstellung von Transportmitteln. Benötigt werden dazu detaillierte Katastrophenpläne.

In Japan führt man solche Übungen besonders seit dem verheerenden Tsunami von 2011 (Stichwort: Fukushima) durch. Hier hat man außerdem begonnen, vor den besonders bedrohten Küstenorten Schutzmauern zu errichten und vor den Häfen riesige Wellenbrecher zu bauen, die bei Bedarf bis zu sechs Meter über dem Meeresspiegel ausgefahren werden können. Ob dies allerdings ein Vorbild für Indonesien sein kann, ist angesichts der Kosten und der notwendigen Technologie fraglich.

Tsunami – was kann man tun?

Nahen in Risikogebieten Tsunamis, wird die Bevölkerung häufig über Lautsprecher und Sirenen akustisch gewarnt. An der Küste sind diese Warnungen jedoch oft nicht zu hören. Diese natürlichen Warnsignale deuten darauf hin, dass ein Tsunami droht.

Sollten starke Erdbeben beobachtet werden oder Beben länger als 20 Sekunden andauern, ist das ein deutliches Zeichen. Steigt der Meeresspiegel schnell an oder sinkt er stark und plötzlich ab, sodass sich das Wasser zurückzieht, kann mitunter beobachtet werden, dass der Meeresboden über weite Entfernungen freigelegt wird.

Bei einer solchen Beobachtung sollte man alle Menschen in der näheren Umgebung warnen, um schnellstmöglich Sicherheit zu suchen. Es bleiben nur wenige Minuten bis die erste Welle auf die Küste trifft.

Da Tiere durch ihre Instinkte viel eher als Menschen gewarnt werden, sollte man sich an ihrem Fluchtverhalten orientieren und ebenfalls so schnell wie möglich fliehen.

Auf dem Land kann nur eine Landerhöhung sicheren Schutz bieten. Sollte kein Berg oder Hügel in der Nähe sein, kann man sich auf Dächer von stabilen Gebäuden retten. Innerhalb von Gebäuden zu bleiben, birgt jedoch die größten Gefahren, da diese mitgerissen oder zum Einsturz gebracht werden können. Eine Flucht ins Landesinnere ist anzustreben, wobei aber Flussläufe, Lagunen oder andere Senken gemieden werden sollten, da sich das Wasser dort rasch ausbreiten kann.

Befindet man sich auf dem Meer, sind die Auswirkungen eher weniger zu spüren, da ein Tsunami unter Booten und Schiffen hindurchläuft. So sollte man in dieser Situation keinesfalls in Richtung Küste oder gar zu vermeintlich sicheren Häfen flüchten, sondern sich von diesen entfernen. Man wartet auf dem offenen Meer am besten bis eine Entwarnung gegeben worden ist. Liegen Schiffe noch im Hafen oder an der Küste, sollte versucht werden, diese zu verlassen und noch auszulaufen.

Stellen Sie Aufbau und Funktionsweise des Frühwarnsystems GITEWS dar.

Erläutern Sie Möglichkeiten und Grenzen des Schutzes vor Tsunamis.

2.4 Tropische Wirbelstürme – Taifune und Zyklone

1 Am 10. November 2013 zog der Taifun „Hayan" über die Philippinen hinweg

Der „Killer"-Taifun „Hayan" gilt als der stärkste tropische Wirbelsturm, der die Philippinen seit Beginn verlässlicher metereologischer Aufzeichnungen heimsuchte. Windböen mit einer Geschwindigkeit von bis zu 380 km/h fegten über das Land. Mit dem Sturm kam das Wasser. Bis zu fünf Meter hohe Wellen spülten selbst große Schiffe an Land. Sintflutartige Regenfälle führten zusätzlich zu Überschwemmungen und Erdrutschen. Besonders betroffen war die Stadt Tacloban auf der Insel Leyte. Etwa 80 % der Häuser wurden dem Erdboden gleichgemacht. Rund 14 Mio. Menschen waren nach Angaben der UN auf den Philippinen betroffen, also jeder achte Einwohner. Die Zahl der Toten wurde offiziell mit etwa 6 300 angegeben, die Höhe der Gesamtschäden betrug 1,5 Mrd. US-$.

Folgen für die wirtschaftliche Entwicklung

„Nicht nur Stürme bedrohen ... [die Philippinen], sondern auch Fluten, Erdbeben und Vulkanausbrüche. Das hat weitreichende Auswirkungen auf die wirtschaftliche Entwicklung des Landes. Die direkten Kosten der Naturkatastrophen vermindern das jährliche Bruttoinlandsprodukt um 0,8 Prozent ...
Das Wirtschaftswachstum der Philippinen, das fast sieben Prozent beträgt, gründet sich auf das rasante Wachstum der produktiven Bevölkerung. Damit wachse zugleich die Gefährdung der Bevölkerung „und zwar, weil man sich für kurzfristige Gewinne auf Risiken einlässt", sagt [UN-Experte] Velasquez. Industrien suchen ihre Standorte in den Küstenregionen und an Flüssen, Arbeitskräfte folgen. Bei Stürmen und Überflutungen seien so immer mehr Menschen betroffen. Die Infrastruktur und die Industrieanlagen von Schwellenländern seien ebenfalls anfälliger als in den Industrienationen, da die Produktionsstätten aufgrund schlechter Bauweise und schlechterer Materialien schneller beschädigt werden."

Nach Rodion Ebbighausen: Katastrophe bremst wirtschaftliche Entwicklung. In: Deutsche Welle, 11.11.2013

2

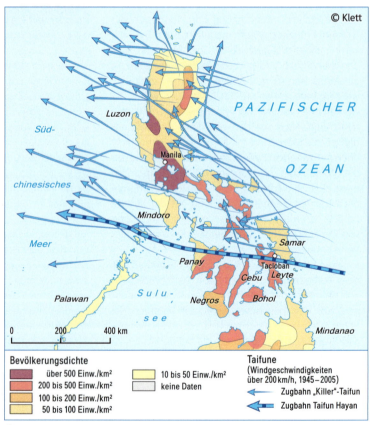

3 Zugbahnen der „Killer"-Taifune der Jahre 1945–2005 und Einwohnerdichte in den Provinzen der Philippinen

Nach Karl Vorlaufer: Südostasien. Darmstadt: Wissenschaftliche Buchgesellschaft. 3. Auflage 2018. S. 32

Entstehung tropischer Wirbelstürme

Tropische Wirbelstürme entstehen aus Tiefdruckgebieten über warmen Meeren. Infolge starker Sonneneinstrahlung verdunsten riesige Wassermengen. Die erwärmte Luft steigt auf und kühlt sich mit zunehmender Höhe ab. Der Wasserdampf kondensiert und es bilden sich große Gewitterwolken. In einer Höhe von etwa 15 bis 18 km fließen die Luftmassen auseinander. Durch dieses Wegströmen verringert sich der Luftdruck im Bereich der Meeresoberfläche und es entsteht ein Tiefdruckgebiet. Zum Druckausgleich strömt von den Seiten neue Luft heran, die wiederum aufsteigt. Aus einem solchen Tiefdruckgebiet kann sich aber ein Wirbelsturm nur entwickeln, wenn bestimmte Voraussetzungen erfüllt sind:
- Wassertemperatur von mindestens 26 bis 27 °C zur Bildung von genügend Wasserdampf,
- keine starken Windveränderungen in der Höhe, ansonsten Abknicken des aufsteigenden Luftstroms,
- Lage des Tiefdruckgebiets mindestens 5° nördlich oder südlich vom Äquator entfernt; nur dann genügend große Coriolisablenkung zur Entstehung einer Drehbewegung.

Unter diesen Voraussetzungen setzt ein sich selbst verstärkender Mechanismus ein. Bei anhaltend aufsteigender, heißer, wasserdampfhaltiger Luft wird der Sog über der Wasseroberfläche immer stärker. Das Einströmen der Luft in das Tief beschleunigt sich (A). In kurzer Zeit entsteht so ein tropisches Sturmtief. Durch die Coriolisablenkung beginnt es, sich zu drehen. Die mit immer höherer Geschwindigkeit rotierenden Luftmassen formen spiralförmig angeordnete Wolkenmauern (B). Im Zentrum bildet sich das sogenannte „Auge" als kreisförmige Zone mit einem Durchmesser von 30 bis 50 km und absinkender Luft (C). Als Folge verdunsten die Wassertropfen und die Wolken lösen sich auf. Im Auge des Wirbelsturms ist es deshalb weitgehend wolkenlos, am Boden windstill und niederschlagsfrei. Doch im Bereich der Wolkenwand, die das Auge umgibt, wütet der Sturm mit höchsten Windgeschwindigkeiten. Hier fallen die extremsten Niederschläge.

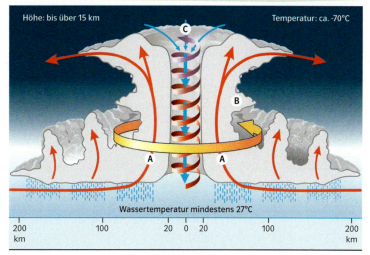

4

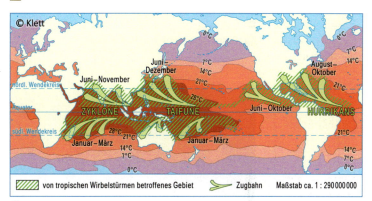

5 Verbreitung tropischer Wirbelstürme und Meeresoberflächentemperaturen

1 Beschreiben Sie die Bedrohung der Philippinen durch Naturgefahren.

2 Erläutern Sie die Entstehung und globale Verbreitung tropischer Wirbelstürme.

3 Erklären Sie, warum Mindanao seltener von Taifunen betroffen ist als die nördlichen und zentralen Teile der Philippinen.

4 Begründen Sie die Verwundbarkeit der Philippinen durch Naturereignisse.

2.5 Klimaphänomene als Herausforderung

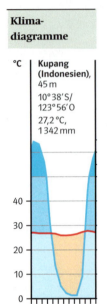

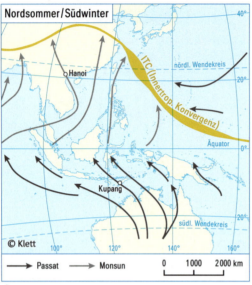

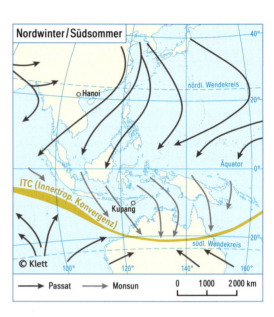

2 Passat und Monsun in Südostasien
Nach Karl Vorlaufer: Südostasien. Darmstadt: Wissenschaftliche Buchgesellschaft 2009, S. 29

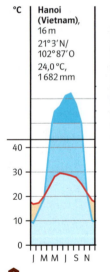

3 Jakarta: Überschwemmungen durch den Monsun Dez. 2019/Jan. 2020

4 Java: Fischfang auf den durch den Monsun überfluteten Reisfeldern

Monsun – Segen und Fluch

Die Monsunwinde sind ein Teil des Passatkreislaufs. Sie entstehen durch die Verschiebung der Innertropischen Konvergenzzone (ITC) infolge unterschiedlicher Strahlungsmaxima sowie durch die unterschiedliche Erwärmung von Festland und Meer. Wenn diese warmen Windströmungen lange Wege über das Meer zurücklegen, nehmen sie erhebliche Mengen an Verdunstungsfeuchtigkeit auf. Dadurch fallen über dem in Südostasien oft gebirgigen Festland ergiebige Niederschläge aus, die Monsunregen. Vorteilhaft sind diese Niederschläge für die Landwirtschaft und für die Ernährungssicherung der Menschen. Sie ermöglichen einerseits in großen Teilen Ostasiens den Nassfeldanbau von Reis (siehe Kapitel 3), dem wichtigsten Grundnahrungsmittel. Andererseits lassen sie in überfluteten Reisfeldern und in natürlichen Senken bzw. Mulden den Süßwasserfischfang zu als eine wichtige Proteinquelle für die Menschen.

Doch können, ähnlich wie in Indien, die Monsunregen auch zum Problem werden. Immer wieder treten sie in außergewöhnlicher Stärke auf, sodass es zu Überschwemmungen kommt. Um den Jahreswechsel 2019/2020 war das z. B. in der indonesischen Metropole Jakarta der Fall. 43 Menschen starben, 400 000 mussten in Notunterkünften untergebracht werden.

5 Thailand: ausgedörrte Erde durch das El-Niño-Phänomen im März 2016

El Niño – Dürre und Brände

Für die Fischer in Peru ging mit dem Anstieg der Meeresoberflächentemperatur vor Weihnachten die Saison zu Ende, die dann im Frühjahr wieder begann. Alle paar Jahre jedoch war die Erwärmung so stark, dass die Fische im Frühjahr nicht zurückkamen. Dieses Ereignis nannten die Fischer „Corriente del Niño", also „weihnachtliche Strömung" (El Niño: der Knabe, aber auch: das Christkind). Alle vier bis neun Jahre tritt das Phänomen auf und wird heute verkürzt „El Niño" genannt.

In einem El-Niño-Jahr wird das kalte und nährstoffreiche Wasser des Humboldt-Stroms durch warmes und nährstoffarmes Wasser verdrängt. Das löst eine Kette von Katastrophen aus: Zuerst sterben die Algen ab, dann tritt ein großes Fischsterben ein. An der normalerweise sehr trockenen Westküste Südamerikas führen sintflutartige Regenfälle zu Überschwemmungen mit starker Erosion. Auf der anderen Seite des Pazifik, in Australien und Südostasien, bleiben dagegen die Regenfälle aus. Die große Trockenheit führt zu lang anhaltenden Dürren mit Ernteverlusten und oftmals zu großflächigen Bränden im sonst feuchten Regenwald. So war 2015/2016 über Indonesien der Himmel monatelang durch Brände aschgrau gefärbt. Die entstandenen Schäden am Wald, beim Tourismus, in der Landwirtschaft und **Infrastruktur** sowie bei der Gesundheit der Menschen bezifferte die Regierung auf rund 14 Mrd. US-$. Hinzu kam eine Erhöhung des weltweiten CO_2-Ausstoßes um mehrere Millionen Tonnen.

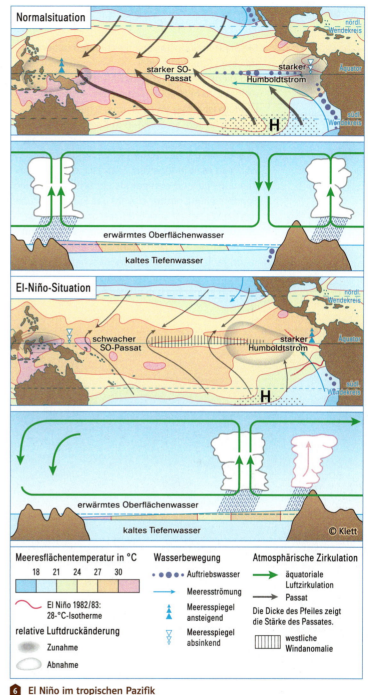

6 El Niño im tropischen Pazifik

1 Beschreiben Sie die beiden Klimadiagramme.

2 Erklären Sie die Entstehung des Monsuns (Karte 2).

3 Stellen Sie dar, warum dem Monsun für die Region eine große Bedeutung zukommt.

4 Erklären Sie die Entstehung von „El Niño".

5 „Die Staaten Südostasiens sind dem Monsun ebenso schutzlos ausgeliefert wie dem El-Niño-Phänomen." Erläutern Sie dieses Statement.

6 Erarbeiten Sie Informationen zum Thema: „Der Klimawandel verschärft die El-Niño-Problematik" (Internetrecherche).

3 Landwirtschaft zwischen Subsistenzproduktion und Agrobusiness

Die Staaten Südostasiens durchlaufen gegenwärtig einen Strukturwandel von Agrar- zu Industrie- und Dienstleistungsgesellschaften, wie er auch weltweit zu beobachten ist. In den einzelnen Ländern ist dieser Wandel unterschiedlich weit fortgeschritten. So arbeiten in Kambodscha, Laos, Myanmar und Timor-Leste noch immer mehr als zwei Drittel der Beschäftigten im Agrarsektor, während es in Indonesien, Malaysia, den Philippinen und Thailand weniger als ein Drittel sind. Eine Sonderstellung nimmt sowohl das Sultanat Brunei, dessen Wirtschaft vom Erdölsektor abhängig ist, als auch der Stadtstaat Singapur ein. Auch wenn der Anteil der Landwirtschaft am BIP in aller Regel niedriger ist als der Anteil der Beschäftigten, so bildet der Agrarsektor in vielen südostasiatischen Ländern immer noch die Basis der Wirtschaft.

Auf etwa zwei Dritteln der landwirtschaftlichen Nutzfläche wird Reis angebaut – zumeist als Nassreis auf terrassierten Hängen oder in den Schwemmlandebenen an der Küste bzw. an den großen Flüssen. Ein beachtlicher Teil der Erträge wird nach wie vor zur Selbstversorgung produziert. Der Nassreisbau ist vielerorts prägend für das Bild der Landschaft, die Wirtschaft und die Menschen. In jüngerer Zeit kommt allerdings den weltmarktorientierten Plantagen und Großpflanzungen, z. B. für den Anbau von Palmöl, Kautschuk, Kaffee und Zuckerrohr, eine immer größere Bedeutung zu. Neben China ist Südostasien der weltweit größte Standort von Aquakulturen, die für die Sicherung der Versorgung mit tierischem Eiweiß von großer Wichtigkeit für die globale Ernährung sind.

Kompetenzen erwerben
- die Bedeutung des Reisanbaus für die Länder Südostasiens beschreiben;
- die Zunahme der landwirtschaftlichen Produktion in Folge der Grünen Revolution erklären;
- Potenziale und Risiken der Aquakulturen erläutern;
- Vor- und Nachteile der Plantagenwirtschaft erläutern.

1 Reisfelder im Norden Vietnams

3.1 Landwirtschaft Südostasiens im Überblick

1 Südostasien: Landschaften und landwirtschaftliche Nutzung

Wie überall auf der Welt setzen auch in Südostasien Klima und Böden die natürlichen Rahmenbedingungen für die Landwirtschaft. Dabei sind die klimatischen Verhältnisse ein deutlicher Gunstfaktor. Die Region liegt im Gebiet der tropischen und subtropischen immerfeuchten bzw. wechselfeuchten Zone. Das bedeutet, es herrschen ausreichende Niederschläge und ganzjährig warme Temperaturen vor, die eine mehrmalige Ernte ermöglichen.

Die Böden bestehen überwiegend aus Eisen- und Aluminiummineralen, was die Nutzungsmöglichkeiten einschränkt. Die Hauptbestandteile bilden zweischichtige Tonminerale, die nur wenig Nährstoffe anlagern können. Die Pflanzen beziehen ihre Nährstoffe nicht aus dem Bodensubstrat, sondern aus der nährstoffreichen abgestorbenen Biomasse. Bei angepasster Bodennutzung (insbesondere durch Baumkulturen wie z. B. der Ölpalme) können dennoch gute landwirtschaftliche Erträge erzielt werden.

Für die Landwirtschaft besser geeignete Böden finden sich überall dort, wo der Prozess der Bodenbildung noch nicht so weit fortgeschritten ist. Dies sind:
– die großen Schwemmlandebenen mit frisch sedimentierten Böden im Bereich des Unterlaufs der Flüsse, z. B. das Mekong-Delta,
– die Höhenlagen der tropischen Gebirge mit langsamerer Verwitterung und Zersetzung der Minerale aufgrund der niedrigeren Temperaturen und
– die Gebiete mit vulkanischem Gesteinsuntergrund. Hier ist aufgrund der geringen Zersetzung der Bodenminerale der Nährstoffgehalt sehr günstig.

Die räumliche Verflechtung von landwirtschaftlichen Gunst- und Ungunsträumen zeigt sich auch in einem Nebeneinander von Formen exzessiver Subsistenzwirtschaft wie beim Brandrodungsfeldbau und intensivem Reisanbau oder **Plantagen**, in denen Cash Crops für den Weltmarkt produziert werden.

> 1 Ökologie, Ökonomie und Soziales bilden die drei Eckpunkte des Dreiecks der Nachhaltigkeit. Analysieren Sie Reisanbau, Palmölproduktion in Plantagen und Aquakulturen in Hinsicht auf ihre Nachhaltigkeit.
>
> 2 Fassen Sie die natürlichen Rahmenbedingungen der Landwirtschaft Südostasiens zusammen.

Cash Crops
Anbauprodukte, die für den Weltmarkt produziert werden und nicht der Selbstversorgung dienen

3.2 Reisanbau und Grüne Revolution

Die Hauptformen des Reisanbaus nach der Wasserzufuhr

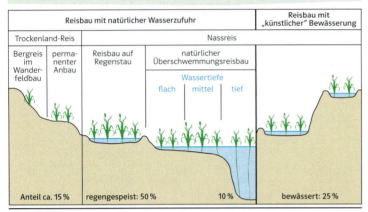

Nach Adolf Arnold: Agrargeographie. Gotha: Klett Perthes 1997, S. 173, ergänzt

1

Reisanbau

Zu den Hauptanbaugebieten Südostasiens gehören neben Regionen mit jungvulkanischen Böden vor allem die Flussauen, Schwemmkegel und Überschwemmungsgebiete der Flüsse. Entscheidend für den Anbau von Reis sind dort die klimatischen Bedingungen. Während der Wachstumszeit verlangt Nassreis hohe Temperaturen (am besten 30–32 °C, mindestens aber 20 °C) und viel Sonnenschein. Wichtiger als die Bodenqualität ist die Möglichkeit, genügend Wasser für die Nassreisfelder bereitstellen zu können. Das Wasser bringt, besonders wenn es aus tropischen Weißwasserflüssen kommt, Schwebstoffe mit, die die Felder nach jeder Überschwemmung mit einer feinen Nährstoffschicht bedecken und so düngen.

Nassreis wird während der Hauptwachstumszeit überflutet. Man nutzt so seine Eigenschaft, im Wasser zu gedeihen, obwohl es keine Wasserpflanze ist. Trocken- oder Bergreis ist dagegen auf Niederschläge angewiesen, die während der Wachstumszeit zwischen 1000 und 1500 mm betragen sollten. Ein kunstvolles System von Dämmen, Kanälen, Leitungen und Auffangbecken dient in Südostasien der Bewässerung und Entwässerung. Dabei wird fast überall Fremdwasser aus unterschiedlich großer Entfernung zugeführt.

Hektarerträge im Vergleich

Trockenreis bringt in Malaysia oder Indonesien durchschnittliche Ernten bis 1,5 t/ha, bei Nassreis sind es 3–5 t. Im Vergleich zu den anderen großen Reisbauländern wie z. B. Japan sind die Hektarerträge in allen südostasiatischen Ländern jedoch deutlich geringer. In vielen Gebieten sind zwei Nassreisernten pro Jahr die Regel, auf Java und Bali sind fünf Ernten in zwei Jahren nicht selten. Beim Trockenreisbau hingegen ist eine bis zu 10-jährige Brache nach einer Anbauphase von 2 bis 4 Jahren notwendig. So ist verständlich, dass die Flächenproduktivität des Nassreises häufig 15–20-mal so hoch ist wie die des Trockenreises – und dies bei geringerer ökologischer Belastung. Werden die Nassreisfelder sachgerecht gepflegt, so ist eine Dauernutzung möglich.

2 Reisanbau in Südostasien:
A – Vorbereitung eines Nassreisfeldes
B – Pflanzen der Setzlinge
C – Ernte

1 Beschreiben Sie anhand der Grafik 1 die Hauptformen des Reisanbaus.

Grüne Revolution in Südostasien

Da der Bevölkerungsdruck in vielen Ländern Südostasiens in den 1960er-Jahren immer größer wurde und eine Ausweitung der landwirtschaftlichen Nutzfläche kaum möglich war, schienen Hungerkatastrophen unausweichlich. Dass diese Befürchtung jedoch nicht eintrat, ist einer Reihe von landwirtschaftlichen Innovationen zu verdanken, für die das Schlagwort „Grüne Revolution" geprägt wurde.

Beispiel Indonesien

Besonders erfolgreich war die Grüne Revolution in Indonesien, vor allem in den extrem dicht besiedelten ländlichen Reisbauregionen auf Java und Bali. Hier stieg die bäuerliche Bevölkerung rapide, während die Wirtschaftsflächen der Kleinbauern im Schnitt auf unter 0,3 ha pro Familie schrumpften. Die indonesische Militärregierung förderte das Programm, um eine Selbstversorgung des Landes mit dem Grundnahrungsmittel Reis durchzusetzen. Die reichen Erdöl- und Erdgasvorkommen ermöglichten die Finanzierung der erforderlichen agrartechnischen Maßnahmen, z. B. einer Subventionierung der Düngemittel, sodass diese auch für Kleinbauern erschwinglich waren. Bereits Anfang der 1980er-Jahre waren über 80 % der Nassreisflächen Indonesiens mit den neuen Reissorten bepflanzt. Da deren **Vegetationsperiode** um ein Drittel kürzer ist als die der herkömmlichen Sorten, waren nun 2–3 Ernten pro Jahr möglich statt nur 1–2 wie mit anderen Reissorten. Durch verbesserte Ernte-, Dresch- und Mahltechniken konnten auch die Nachernteverluste um rund 15 % gesenkt werden. Alles zusammen ergab einen Produktionszuwachs, z. B. auf Java von 2,6 t/ha auf 5,4 t/ha.

In einigen Regionen waren die Produktionszuwächse sogar noch höher. Begleitet wurden die agrartechnischen Maßnahmen durch die Einrichtung von Beratungsstellen sowie die Ansiedlung von Kreditunternehmen in den Dörfern. Aber auch andere Faktoren spielten beim Gelingen der Grünen Revolution eine wichtige Rolle, z. B. die Akzeptanz durch die ländliche Bevölkerung oder die Verbesserung der materiellen und immateriellen **Infrastruktur** in den Dörfern.

> **2** Diskutieren Sie die Chancen und Grenzen der Grünen Revolution vor dem Hintergrund des natürlichen Potenzials und des Bevölkerungswachstums.

Bevölkerung und Reisanbau in Indonesien vor und nach Einführung der Grünen Revolution

	Ernte-fläche (Mio. ha)	Produktion (Mio. t geschälter Reis)	durchschn. Hektarerträge (t)	Bevölkerung (Mio.)	Pro-Kopf-Erzeugung (kg)
1955	6,6	7,2	1,1	82,6	87,2
1965	7,3	8,7	1,2	105,4	82,5
1976	8,4	15,6	1,9	135,3	116,3
1983	8,9	43,5	3,8	159,4	272,9
1994	10,7	46,2	4,3	191,4	241,4
2018	11,4	53,0	3,3	264,2	200,6

Nach Statistical Pocket Book of Indonesia, verschiedene Jahrgänge, sowie eigenen Berechnungen

Kritik an der Grünen Revolution

Verstärkung räumlicher Disparitäten: Die Reformprogramme beschränken sich auf die ohnehin begünstigten Regionen, die über gut ausgebaute Bewässerungssysteme verfügen. Wasserarme Bergregionen, in denen Bergreis zur Selbstversorgung produziert wird, haben kaum Anteil an den Innovationen. Die Folge ist eine Verschärfung wirtschafts- und sozialräumlicher **Disparitäten** zwischen Berg- und Talbewohnern.

Verstärkung sozialer Disparitäten: Da das neue Saatgut nicht keimfähig ist, muss es jedes Jahr neu gekauft werden. Es ist teuer und die Anfälligkeit gegen Schädlinge ist größer, zusätzliche Schädlingsbekämpfungsmittel sind erforderlich. Dies, so die Kritiker, könne nur von größeren, kapitalstarken Betrieben geleistet werden. Für den kleinen Bauern brächte die zweifache Ernte zwar höhere Erträge, aber auch höhere Kosten, die sich viele nicht leisten könnten. Die sozialen Unterschiede im ländlichen Raum würden also nur noch größer. Dieser Vorwurf hat sich in den meisten Fällen jedoch nicht bestätigt.

Ökologische Folgen: Ein zu hoher Einsatz von Schädlingsbekämpfungsmitteln führt zu einer Verringerung der Artenvielfalt bei den Nutzpflanzen, wodurch sich die Anfälligkeit gegenüber Krankheiten und Schädlingen erhöht.

Keine Kulturpflanze gibt so viel Methan an die Atmosphäre ab wie Nassreis. Nach Messungen tragen die gefluteten Reisfelder bis zu 25 % zur globalen Methanemission bei. Durch eine Reduzierung der Bewässerung kann das auf den Reisfeldern entstehende Methan zwar vermindert werden, allerdings mit negativen Folgen für die Erträge.

3.3 Plantagen in der Diskussion

1 Palmölplantage in Indonesien

Was sind Plantagen?
„Plantagen sind landwirtschaftliche Großbetriebe, die mit einem hohen Aufwand an Kapital Produkte für den Weltmarkt erzeugen. Meist sind dies mehrjährige Nutzpflanzen oder Dauerkulturen wie Kaffee, Tee, Kakao, Kautschuk, Palmöl, Sisal, Bananen, Zuckerrohr oder Baumwolle. Ein wesentliches Kennzeichen einer Plantage ist das Vorhandensein von Aufbereitungs- und Vermarktungsanlagen mit angeschlossener Infrastruktur. Die Arbeitsorganisation entspricht fast der eines Industriebetriebes, sodass die Plantage Züge des Agrobusiness aufweist. Die meisten Plantagen wurden im Rahmen der Kolonisierung der Erde in den Tropen eingeführt, um die europäischen Mutterländer mit tropischen Produkten zu versorgen. Dies erklärt auch, warum sie lange Zeit als ‚Instrument der kolonialen Ausbeutung' verschrien waren."

Plantage – angepasste Nutzungsform
„Da es sich bei den Plantagen in der Regel um Baum- und Strauchkulturen handelt, entsprechen sie bis zu einem gewissen Grad den natürlichen Waldformationen der feuchten Tropen. So kann man auch davon ausgehen, dass sie am ehesten zur Erhaltung der Bodenfruchtbarkeit geeignet sind – jedenfalls besser als kurzlebige Feldfrüchte."

Norbert von der Ruhren: Landschaftszonen – Möglichkeiten und Grenzen agrarischer Nutzung. In: Norbert von der Ruhren (Hrsg.): Naturgeographische Grundlagen wirtschaftlichen Handelns. Unterrichtspraxis SII, Band 5. Hallbergmoos, Aulis 2014

2

Verwendung von Palmöl 2001–2019

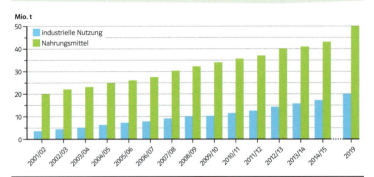

Nach Foreign Agricultural Service/USDA, 2015 (April 2015)

3

Die Ölpalme – Lieferant von Palmöl und Palmkernöl
Die Ölpalme ist einer der wichtigsten Lieferanten von pflanzlichen Ölen, nämlich Palmöl und Palmkernöl. Das Palmöl (Anteil 88%) wird aus dem Fruchtfleisch, das Palmkernöl (Anteil 12%) aus den Kernen der Ölfrüchte gewonnen. Beide Produkte werden zum allergrößten Teil in der Lebensmittelindustrie eingesetzt, etwa zur Herstellung von Fetten wie Margarine, Trockensuppen oder Glasuren. Ein geringer Teil findet in der chemischen Industrie Verwendung, z. B. bei der Herstellung von Seifen oder Kerzen. Zunehmende Bedeutung gewinnt Palmöl als Ersatz für Dieselkraftstoffe. Die Ölpalme ist eine tropische Pflanze. Voraussetzungen für den Anbau sind eine mittlere Jahrestemperatur von 24–28 °C und hohe Niederschlagsmengen (2 000–2 500 mm pro Jahr).

4

Die Ölpalme – eine umweltfreundliche Nutzpflanze
„Grundsätzlich ist die Ölpalme eine umweltfreundliche Nutzpflanze. Sie ist hervorragend an die ökologischen Bedingungen der dauerfeuchten Tropen angepasst, auch an die dort vorherrschenden nährstoffarmen Ferrasolböden. Das geschlossene Kronendach einer Pflanzung sorgt für eine Dauerbeschattung des Bodens und somit für ein ausgeglichenes Mikroklima. In neu angelegten Pflanzungen werden zwischen die Setzlinge schnellwüchsige Leguminosen [Hülsenfrüchtler] als Bodendecker ausgesät. Diese reduzieren die Bodenerosion, sorgen für eine ausgewogene Bodenfauna und reichern den Boden mit Stickstoff an. Darüber hinaus sind alle Produkte der Ölpalme biologisch abbaubar."

Ulrich Scholz: Der Ölpalmboom in Indonesien und Malaysia aus ökonomischer, sozialer und ökologischer Sicht. In: Mitteilungen der Geographischen Gesellschaft, München, Bd. 90/2008, S. 50

5

Plantagen und Kleinbauernbetriebe

„Der Palmölanbau erfolgt in Ländern überwiegend in Plantagenwirtschaft. Der Anteil kleinbäuerlicher Landwirtschaft (nur unabhängige Bauern) am Anbau von Ölpalmen liegt in Indonesien bei ca. 42% der Fläche, in Malaysia nur noch bei 14% der Fläche. Allerdings gibt es in beiden Ländern noch die sogenannten abhängigen …, die Flächen im Umkreis von Plantagen bewirtschaften. In Indonesien fallen darunter rund weitere 900 000 ha, die von ca. 300 000 Kleinbauern bewirtschaftet werden … Unabhängige Kleinbauern besitzen noch immer eine große Bedeutung in der indonesischen Palmölproduktion. Die Durchschnittsgröße der von (allen) Kleinbauern bewirtschafteten Farmen in Indonesien liegt zwischen 2 und 3 ha.

Es lassen sich also in beiden Ländern zwei Typen von Kleinbauern unterscheiden: zum einen die unabhängigen und zum anderen die organisierten Kleinbauern, die [vertraglich an eine Plantagengesellschaft gebunden sind und meistens von dieser auch ihre Flächen gepachtet haben]. Während in Malaysia die organisierten Kleinbauern etwa 45,4% der Plantagenflächen ausmachen, sind dies in Indonesien nur 22,4%. Diese Bauern haben den Vorteil, dass sie das Risiko, z. B. einer schlechten Ernte, mit der Gesellschaft teilen, auf der anderen Seite sind sie weniger flexibel und können ihr Land nicht nutzen wie sie wollen. Preise sind für sie festgelegt, was bei steigenden Preisen von Nachteil, bei fallenden Preisen von Vorteil ist … [Es] wird berichtet, dass Konflikte zwischen den Gesellschaften und den abhängigen Kleinbauern entstehen, da abhängige Kleinbauern versuchen, von steigenden Preisen … zu profitieren, indem sie an andere Ölmühlen verkaufen. Unabhängige Kleinbauern müssen ihre Einnahmen zwar nicht teilen, aber tragen auch das volle Risiko bei z. B. Diebstahl oder schlechter Ernte bzw. von Preisschwankungen."

<small>Deutsche Gesellschaft für Internationale Zusammenarbeit, GIZ (Hrsg.): Nachwachsende Rohstoffe für die stoffliche Nutzung – Auswirkungen für Entwicklungs- und Schwellenländer. Bonn und Eschborn 2011</small>

6

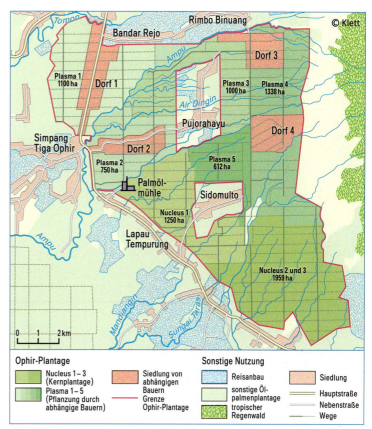

7 Ölpalmenplantage in West-Sumatra
<small>Nach Idsert Jelsma, Ken Giller, Thomas Fairhurst: Smallholder Oil Palm Production Systems in Indonesia: Lessons from the NESP Ophir Project. Wageningen University 2009</small>

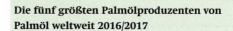

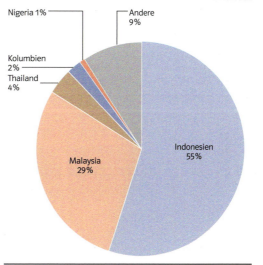

<small>Nach USDA Foreign Agricultural Service</small>

8

1 Gestalten Sie einen kurzen Steckbrief zur Ölpalme (Verwendung, Anbaugebiete, weltweite Produktion).

3.4 Aquakulturen – Eiweiß für viele

1 Mangrovenwälder auf den Philippinen mussten der Fischzucht weichen

Aquakulturen in Südostasien

„Südostasien ist die Heimat der Aquakultur, so heißt die Massentierhaltung im Wasser. Über zwei Drittel der Weltproduktion finden in China, Vietnam, Thailand und Laos statt. Mit Steigerungsraten von fünf bis acht Prozent im Jahr ist Aquakultur der am schnellsten wachsende Zweig der globalen Ernährungswirtschaft. Nirgendwo wird tierisches Eiweiß effizienter erzeugt als mit der Zucht von Fischen, Shrimps, Muscheln und anderen Wasserbewohnern. Auch ein Viertel der nach Deutschland importierten Fische stammt aus südostasiatischer Aquakultur."

Dirk Asendorpf: Fisch aus dem Stall (30.06.2015).
Unter: www.deutschlandfunkkultur.de
(Zugriff: 18.2.2020)

3

Aquakulturen und ökologische Risiken

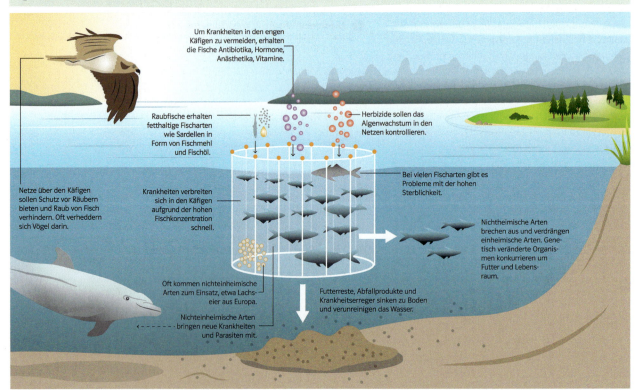

Nach Moritz Koch: Fisch ist aus. In: Süddeutsche Zeitung Wissen 6/2009

2

Teichwirtschaft

„Ban Nalath, ein Dorf im tropischen Hinterland von Laos. Zwischen grünen Gemüsebeeten wachsen in kleinen Betonbecken hunderttausend Welse heran. Sobald sie Fingergröße erreicht haben, kommen sie in einen der Fischteiche, die zehn Familien im Dorf angelegt haben. Früher wurden dafür Bombenkrater genutzt, die der Vietnamkrieg auch hier hinterlassen hat. Jetzt erfordern steigende Produktionsmengen den Einsatz einfacher Technik. Wie sie funktioniert, erklärt die landwirtschaftliche Beraterin Hon Seng Vilay: ‚Wir heben eine Grube aus und schichten die Erde am Rand zu einem Wall auf. Das Ganze kleiden wir mit Plastikfolie aus, damit das Wasser nicht versickern kann. Das ist effizient und so billig, dass es sich viele Dorfbewohner leisten können. Mit dem erzeugten Wels decken sie ihren Eigenbedarf, und den Überschuss verkaufen sie. Kühlung ist nicht nötig, sie transportieren die Fische in Wassertanks lebend zum Markt.'"

Dirk Asendorpf: Fisch aus dem Stall (30.06.2015). Unter: www.deutschlandfunkkultur.de (Zugriff: 18.2.2020)

4

Fisch aus Reisfeldern

„Eine Verbindung von Teichkultur und Landwirtschaft stellt die Fütterung von Fischen mit Abfallprodukten aus der landwirtschaftlichen Erzeugung sowie der Besatz von Reisfeldern mit Fischen während der Flutungsphase dar. Reisbauern in Asien haben seit jeher die Fische in den Reisfeldern als wertvolle Zusatzproduktion genutzt. Auf diese Weise können hochwertige Nahrungsmittel zusätzlich erzeugt und gleichzeitig Pestizide eingespart werden, da sich die Fische u. a. von Schadinsekten und Moskitolarven ernähren. Weltweit wird etwa 90 % der Reisproduktion auf 134 Mio. ha bewässerten Feldern durchgeführt, die potenziell auch für Fischhaltung genutzt werden könnten (FAO 2012, S. 30). In China werden bereits 1,3 Mio. ha Reisfelder für Fischhaltung genutzt, auf denen im Jahr 2010 ca. 1,2 Mio. t Fische produziert wurden (0,9 t/ha; ibid.). Auch andere Länder nutzen bereits die Reis-Fisch-Produktion: Indonesien (92 000 t), Ägypten (29 000 t), Thailand (21 000 t), die Philippinen (150 t) und Nepal (45 t) (ibid.)"

Gerd Hubold und Rainer Klepper: Integrierte landwirtschaftliche Systeme. In: Die Bedeutung von Fischerei und Aquakultur für die globale Ernährungssicherung. Thünen Working Paper 3. Braunschweig 2013. Unter www.thuenen.de (Zugriff: 18.02.2020)

5

Produktion von Fischen, Krustentieren und Muscheln in Aquakultur 2016

Platz Welt	Land	Produktion (t)
2	Indonesien	6 542 258
8	Vietnam	2 785 540
9	Myanmar	2 072 828
11	Philippinen	2 024 828
12	Malaysia	1 580.291
13	Thailand	1 530 543
25	Kambodscha	629 950

Nach FAO.org yearbook 2016: Fishery and Aquaculture Statistics

Shrimps

„Mit der steigenden Nachfrage weltweit stieg auch die Anzahl an Shrimpfarmen – besonders im asiatischen Raum wie Thailand und Vietnam. Riesige Flächen von Mangrovenwäldern wurden gerodet um dort Garnelen zu züchten und mit ihnen verloren wilde Shrimps immer mehr ihrer Lebensräume. Studien zeigen, dass allein in Vietnam über 50 % der Mangroven gerodet wurden. Der Prozess folgt dabei generell folgendem Schema: Nachdem die Bäume beseitigt sind, werden einige Meter tiefe Gruben gegraben, mit Salzwasser gefüllt und schließlich mit Shrimps bestückt. Da mehr Shrimps pro Teich mehr Geld bedeuten, werden viel zu viele Tiere eingesetzt und in vielen Fällen mit riesigen Mengen Antibiotika, Pestiziden und Wachstumshormonen großgezogen. Bei der Ernte wird das Wasser ungeklärt und ungefiltert ins Meer bzw. Umland abgeleitet, wo es versickert und ganze Flüsse verseuchen kann. Das kann je nach Shrimpart bis zu vier Mal pro Jahr passieren. Nach einiger Zeit haben sich so viele Fäkalien und giftige Substanzen auf den Böden abgelagert, dass die Gruben unbrauchbar und aufgegeben werden. Es wird einfach woanders ein neues Stück Land gerodet und das Spiel beginnt von vorn."

Tom Vierus: Shrimpfarmen und das große Sterben der Mangrovenwälder (12.3.2015). Unter: https://diefreiheitsliebe.de (Zugriff: 18.02.2020)

7

 1 Erläutern Sie die natürlichen und die ökonomischen Voraussetzungen für die Aquakulturen in Südostasien.

4 Entwicklung durch Ferntourismus?

Alle Staaten Südostasiens haben in ihren Entwicklungsplänen den Tourismus als einen der zentralen Faktoren verankert. Er wird als Motor der wirtschaftlichen Entwicklung betrachtet. Auf ihn richten sich die Hoffnungen im Hinblick auf Arbeitsplätze und Einkommen, auf Kapitalzufluss und Auslandsinvestitionen. Der Tourismussektor erfüllt bisher auch diese Erwartungen: Sein Beitrag zum Bruttoinlandsprodukt der Region liegt gegenwärtig bei etwa 12 %. Knapp 10 % der Beschäftigten arbeiten in diesem Sektor, 7 % aller Kapitalinvestitionen der Region fließen in die Tourismuswirtschaft.

Grundlagen dieses Wirtschaftszweiges sind die vielfältigen naturräumlichen und kulturellen Angebote Südostasiens. Sie locken Jahr für Jahr eine wachsende Zahl von Besuchern an. Hiervon profitieren nicht nur die etablierten Touristenzentren, auch Peripherregionen erhoffen sich Impulse für ihre Entwicklung.

Aber die Dynamik der Fremdenverkehrsindustrie hat ihren Preis. Die starke Expansion der Besucherströme führt in zunehmendem Maße zu einer Belastung der natürlichen Umwelt, der Kultur und der Bevölkerung in den Zielgebieten. Damit gefährdet der Tourismus seine eigenen Grundlagen.

Kompetenzen erwerben
- das touristische Potenzial des Untersuchungsraumes analysieren;
- ökonomische Effekte des Ferntourismus in Südostasien herausarbeiten;
- am Beispiel Thailands die Entwicklung des Ferntourismus darstellen;
- den Beitrag des Fremdenverkehrs zum Abbau räumlicher Disparitäten überprüfen;
- Chancen für eine nachhaltige Gestaltung des Ferntourismus erörtern.

1 Touristen-Dschunken in der Halong-Bucht (Vietnam)

4.1 Wirtschaftliche Bedeutung des Tourismus für Südostasien

Die Stellung Südostasiens im internationalen Tourismus 2018

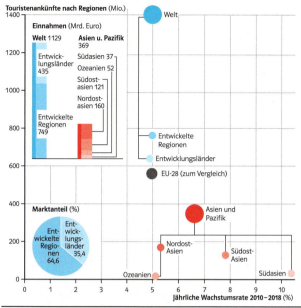

Zusammengestellt nach UNWTO international Tourism Highlights 2019. S. 17

1

Internationaler Tourismus in den Staaten Südostasiens: Ankünfte und Einnahmen

Staat	Ankünfte (1 000) 2018	Einnahmen (Mio. US-$) 2010	Einnahmen (Mio. US-$) 2018	Einnahmen pro Tourist (US-$ pro 1 000) 2018
Brunei	278	k. A.	190	683
Kambodscha	6 201	1 519	4 352	702
Indonesien	13 396	6 958	14 110	1 053
Laos	3 770	382	734	195
Malaysia	25 832	18 115	19 143	741
Myanmar	3 551	72	k. A.	(2017) 572
Philippinen	7 129	2 645	7 461	1 047
Singapur	14 673	14 178	20 528	1 399
Thailand	38 277	20 104	63 042	1 647
Timor-Leste	75	31	k. A.	(2017) 973
Vietnam	15 498	4 450	10 080	650
Südostasien	**128 680**	**68 547**	**142 314**	**1 106**

Zusammengestellt und berechnet (Einnahmen pro Tourist) nach UNWTO international Tourism Highlights 2019. S. 19

3

Wirtschaftliche Effekte des Tourismus in Südostasien

„[Dem] Tourismus [kommt] eine wesentliche Rolle zur Verbesserung der Zahlungsbilanz zu. Seine Bedeutung als Devisenbringer wird dadurch erhöht, dass alle Länder eine positive Reisedevisenbilanz aufweisen, d. h. durch Besucher mehr Devisen einnehmen als eigene Bewohner im Ausland ausgeben. In allen Ländern [Südostasiens sind] die Nettodeviseneffekte hoch, denn die meisten der von der Tourismuswirtschaft benötigten Vorleistungen werden im Lande selbst erzeugt. … In allen Ländern entfallen z. B. hohe Ausgabenanteile auf ‚Shopping' und insbesondere auf Souvenirs, die im Lande mit heimischen Materialien und traditionellen Technologien hergestellt werden. … Nahrungs- und Genussmittel, Getränke, Baumaterialien, Installationen … etwa für Hotels …, selbst z. T. die für den Tourismus benötigten Pkw und Busse müssen dank der raschen Industrialisierung mit einer breiten und diversifizierten Produktionsstruktur nur noch in Laos, Kambodscha oder Singapur im nennenswerten Maße aus dem Ausland bezogen werden. …
Die Global Player der Tourismuswirtschaft … sind in allen Ländern vertreten. Vornehmlich werden die Herbergen der [Hotel-]Ketten jedoch von inländischen Eigentümern der Hotelimmobilien gepachtet, … oder unter dem Markennamen der Kette nur als Franchisebetrieb inländischer Hoteliers geführt … In allen Ländern werden zudem selbst Luxushotels weit überwiegend von einheimischen Konzernen betrieben … Aufgrund dieser Bedingungen wird geschätzt, dass in den wichtigen Reiseländern gut 80 % aller Reisedeviseneinnahmen im Lande verbleiben. …
Ein Nachteil des Tourismus als Devisenbringer ist es aber, dass im Falle von … Krisen die touristische Nachfrage zurückgehen kann … Kriege, Terroranschläge oder Epidemien haben so in den letzten Jahren zumindest kurzfristig einen auch volkswirtschaftlich spürbaren Rückgang der Deviseneinnahmen bewirkt."

Karl Vorlaufer: Südostasien. Darmstadt: Wissenschaftliche Buchgesellschaft, 3. Auflage, 2018, S. 203/204

2

---

1 Beschreiben Sie die Stellung Südostasiens im internationalen Tourismus.

2 Analysieren Sie Text 2 im Hinblick auf wirtschaftliche Effekte des Tourismus in Südoastasien.

3 Vergleichen Sie die Teilhabe der einzelnen Staaten Südostasiens am internationalen Tourismus (M3).

4.2 Grundlagen und Perspektiven des Tourismus

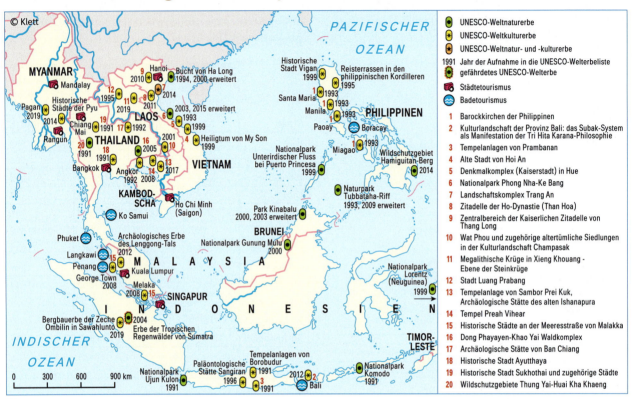

1 Touristisches Potenzial Südostasiens

„Exotik pur, fremde Kulturen und eine urbane Vielfalt in ethnischen Vierteln erleben Sie auf einer Reise durch Südostasien. Wunderschöne Strände mit kristallklarem Wasser, tolle Wanderungen durch imposante Landschaften und weltbekannte Sehenswürdigkeiten erwarten Sie an Ihren schönsten Tagen des Jahres. Ob Faulenzen am Strand, Kulturreise, Abenteuerurlaub oder Trekking – in Südostasien werden Urlaubsträume wahr."

Diese Werbung aus einem (fiktiven) Reiseprospekt beschreibt äußerst treffend das primäre touristische Angebot in Südostasien. Es ist gekennzeichnet durch eine naturräumliche Vielfalt mit Vulkanlandschaften insbesondere auf den Philippinen oder in Indonesien sowie Berglandschaften auf dem Festland oder den Inseln. Hinzu kommt die durch unterschiedlichste ethnische sowie religiöse Einflüsse geprägte Kultur.

Dieses räumlich weit gestreute touristische Angebot wird ergänzt durch ein hochwertiges sekundäres Potenzial. Hierzu zählt eine leistungsfähige Hotellerie, die Backpacker genauso bedient wie Luxusreisende. Hinzu kommt die Gastronomie mit ihrer exotischen Kulinarik, ihren einfachen Garküchen und internationalen Restaurants. Zu nennen ist aber auch das Vergnügungsgewerbe, das kaum Wünsche offenlässt. Zudem bietet der attraktive Einzelhandel auf den lokalen Märkten oder modernen Shopping-Malls vielfältige Einkaufsmöglichkeiten für Souvenirjäger. Bei Bekleidung, Schmuck oder Uhren verbilligen gelegentlich Markenfälschungen das Angebot. Ohnehin ist das Preis-Leistungs-Verhältnis für viele Ausländer sehr günstig – vor allem wegen der vorteilhaften Devisenkurse und des niedrigen Lohnniveaus. Liberale Einreiseformalitäten tragen genauso zur Attraktivität bei wie die Freundlichkeit der Menschen.

Dank seiner Attraktivität ist Südostasien in den letzten 30 bis 40 Jahren zu einem der wichtigsten Ziele des Entwicklungsländertourismus aufgestiegen. Auch zahlreiche Katastrophen wie Vulkanausbrüche, Erd- und Seebeben mit dadurch ausgelösten Tsunamis oder die Epidemien SARS und Vogelgrippe konnten diese Dynamik jeweils nur kurzfristig bremsen. Selbst von Terroranschlägen auf Touristen oder Fremdenverkehrseinrichtungen ließen sich die ausländischen Besucher bisher nicht oder nur kurzzeitig abschrecken. Allenfalls auf den Philippinen ist in einigen Regionen aufgrund blutiger Konflikte und Geiselnahmen der Tourismus stark eingebrochen.

Es bleibt abzuwarten, welche mittel- bis langfristigen Folgen die 2020 ausgebrochene Coronavirus-Pandemie haben wird. Wie wirken sich die damit verbundene globale Wirtschaftskrise und die Einkommensausfälle aus? Ändern sich Verbraucher- und Reisegewohnheiten? Findet der internationale Tourismus nach Überwindung der Krise zurück in seine Erfolgsspur?

3 Flughafen Singapur-Changi: Drehkreuz zur Welt, eröffnet 1981, mit 65,6 Mio. Passagieren unter den Top-20-Airports

Weitere touristische Entwicklung

„In Festland-Südostasien schaffen ehrgeizige Infrastrukturprojekte … sowie Großinvestitionen derzeit Schnellstraßenverbindungen sowie neue Bahn- und Flugstrecken zwischen Myanmar, Thailand, Laos, Südwestchina und Vietnam. Auch im insularen Südostasien sind Großprojekte – wie etwa die Hochgeschwindigkeitsbahn zwischen Singapur und Kuala Lumpur (Malaysia) – geplant. Billigairlines, die Südostasiens Metropolen sowie ehemals abgelegene Inseln und Regionen ansteuern, sind ein weiterer Faktor, der die Mobilität innerhalb der Region in großem Ausmaß erhöht. Die Billig-Airlines … transportieren zwar vor allem lokale und internationale Arbeitsmigranten sowie die nationale Mittelklasse, tragen aber gleichzeitig auch zu einer … Erschließung neuer Tourismusdestinationen und einer Intensivierung des Städtetourismus bei. …

Ein weiterer … Faktor ist die Diversifizierung der touristischen Quellmärkte. Mit steigendem Einkommen und dem Entstehen einer größeren reisefreudigen Mittelschicht in vielen Teilen Asiens ist die Zahl der Reisenden aus Ostasien …, aber auch aus Indien in den letzten Jahren kontinuierlich stark gestiegen und der Anteil der asiatischen Touristinnen und Touristen, insbesondere aus China, wird auch weiterhin zunehmen."

Karl Husa u. a.: Südostasien. Gesellschaften, Räume und Entwicklung. Wien: newacademic press 2018, S. 280

2

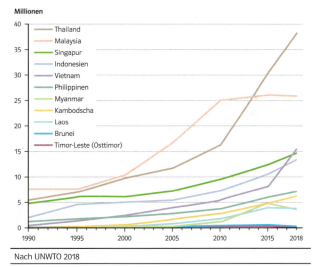

Internationale Touristenankünfte in Südostasien nach Zielregionen 1990–2018

Nach UNWTO 2018

4

1 Nennen Sie für jede der in dem fiktiven Reiseprospekt-Zitat (S. 34) genannten Urlaubsformen mehrere Raumbeispiele.

2 Gestalten Sie – nach Ihren persönlichen Vorlieben – das Programm für eine 14-tägige Reise nach Südostasien.

3 Erörtern Sie – auch vor dem Hintergrund der Fridays-for-Future-Bewegung – die Perspektiven des Tourismus in Südostasien.

4.3 Tourismusdestination Thailand

Wachstumsmodell touristischer Destinationen nach Butler

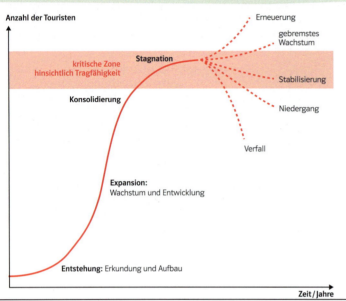

Nach Hans Gebhardt u. a. (Hrsg.): Geographie. Heidelberg: Spektrum Akademischer Verlag 2007, 2. Auflage, 2016, S. 721

1

Touristische Entwicklung

Die meisten Staaten und deren Fremdenverkehrsorganisationen sind fortwährend auf der Suche, um neue Räume für eine touristische Nutzung zu erschließen. Ihr Ziel ist die Steigerung der Deviseneinnahmen. Sie treffen damit aber auch die Wünsche vieler Reisender nach dem Neuen, dem Einmaligen, dem Außergewöhnlichen. Die Destinationen wollen darüber hinaus die ständig steigenden Ansprüche der Urlauber an Ausstattung und Umfeld befriedigen. Dabei erfolgt jede Neuerschließung und Entwicklung eines touristischen Standortes im Wesentlichen nach demselben Muster, das mithilfe des sogenannten Butler-Modells dargestellt werden kann (Grafik 9).

Zu diesem Modell ist aber kritisch anzumerken,
- dass eine eindeutige Abgrenzung zwischen den einzelnen Phasen mangels exakter Daten nur selten möglich ist,
- und dass es suggeriert, der Erfolg bzw. Fortbestand einer Destination sei nur durch dauerndes Wachstum möglich.

Phasen des Thailand-Tourismus

„**Phase I:** … Umfasst die Zeit vor Beginn eines umfangreicheren Tourismus, der erst etwa ab 1965 mit dem Einsatz … kostengünstiger Großraumflugzeuge sowie steigendem Wohlstand … in den ‚alten' Industrieländern einsetzte. …

Phase II: Die Initialphase … bis etwa 1978 ist durch ein stetes, aber noch relativ langsames Wachstum des Tourismus, durch eine zunehmende Ausbreitung vom Kernraum Bangkok mit seinem Großflughafen … gekennzeichnet …

Phase III: Die frühe Wachstumsphase 1978–1987 ist u. a. durch eine stärkere Zunahme der Besucherzahlen und Deviseneinnahmen, die Erschließung neuer und den Ausbau bestehender touristischer Standorte … gekennzeichnet …

Phase IV: Die mittlere Wachstumsphase (1987–1997) wurde … von massiven Marketingmaßnahmen … eingeleitet. Besucherzahlen und Reisedeviseneinnahmen stiegen sprunghaft …

Phase V: Diese späte Wachstumsphase ist noch nicht abgeschlossen; auch zahlreiche Krisen (… Tsunami 2004, Aufstände im Süden) konnten das Wachstum … nur etwas drosseln …

Einige bereits vom **Massentourismus** überrollte Destinationen zeigen aber Merkmale beginnender Stagnation bzw. der Entwicklung zu Zielen für den Billig- und Kurzzeittourismus, z. B. für Besucher aus China. Der Massentourismus droht an einigen Standorten seine eigenen Grundlagen, eine intakte und … attraktive natürliche, bauliche und soziale Umwelt zu zerstören; die aktuelle Tragfähigkeitsgrenze wird an mehr und mehr Standorten erreicht. Um die späte Wachstumsphase zu verlängern, den Niedergang einzelner touristischer Destinationen … zu verhindern, wurden … umfangreiche Sanierungsmaßnahmen eingeleitet (Abkehr vom Image des Billig- und Sextourismus, städteplanerische und umweltorientierte Maßnahmen – u. a. strengere Bauvorschriften, Anlage verkehrsberuhigter Seepromenaden, Verbesserung der Entsorgung fester und flüssiger Abfälle …)."

Nach Karl Vorlaufer: Südostasien. Darmstadt: Wissenschaftliche Buchgesellschaft. 3. Auflage, 2018, S. 196–198

2

Wirtschaftliche Effekte

Mit der – spätestens seit der „mittleren Wachstumsphase" einsetzenden – massiven Förderung des Tourismus verfolgt Thailand, wie auch die anderen Länder Südostasiens, vorrangig das Ziel, seine Deviseneinnahmen zu steigern. Auch geht es darum, Arbeitsplätze und Einkommen für breite Bevölkerungsschichten zu schaffen. Bei einigen touristischen Projekten steht auch der Abbau räumlicher **Disparitäten** im Fokus.

Deviseneinnahmen waren vor allem deshalb wichtig, weil Thailand in seiner **Handelsbilanz** bis vor wenigen Jahren Negativsalden aufwies. Erst der Aufbau einer beachtlichen Exportwirtschaft konnte diese Defizite allmählich abbauen. Da das Land mehr Devisen durch Besucher einnimmt als seine eigenen Bewohner im Ausland konsumieren, ergibt sich zudem ein wichtiger Beitrag zur Zahlungsbilanz.

Auch die Beschäftigungseffekte sind positiv zu bewerten. Im Vergleich zu vielen anderen Wirtschaftszweigen ist der Tourismus eher arbeits- als kapitalintensiv. Pro investierter Geldeinheit entstehen also relativ viele Arbeitsplätze. Das gilt für die Tourismuswirtschaft selbst, aber auch für vorgelagerte Bereiche wie Baugewerbe, Land- und Fischereiwirtschaft. Es wird geschätzt, dass in Südostasien 6–16% aller Arbeitsplätze direkt oder indirekt vom Tourismus abhängen. Viele Arbeitsplätze sind zudem statistisch kaum fassbar, entstehen sie doch im **informellen Sektor** (Foto 3). Inwieweit die Einkommen aus dem Tourismusgewerbe tatsächlich zu einer ausreichenden Existenzsicherung oder gar Wohlstandssteigerung bei den unteren Sozialschichten beitragen, ist allerdings fraglich (M4).

3 Arbeit im informellen Sektor: Straßenverkauf in Vietnam

Folgen des schrankenlosen Tourismus

„Der Massentourismus hat Folgen – soziale, aber auch ökologische. Fast überall in den Touristenhochburgen werden ungeklärte Abwässer ins Meer geleitet. Plastikmüll landet im Wasser. Dadurch sterben die empfindlichen Korallenriffe vor den Küsten. Auf den Speisekarten der zahllosen Hotels und Restaurants steht vor allem frischer Fisch. Die Folge: Riesige Schleppnetze der Fischtrawler zerstören die Korallenriffe. 77 Prozent der Korallenriffe Thailands sind schwer beschädigt, das ergaben Untersuchungen ... der Universität Bangkok.

Die Einheimischen in den Touristenhochburgen haben wenig von den Urlaubern. Sie arbeiten zum thailändischen Mindestlohn und werden oft verdrängt von Gastarbeitern aus dem benachbarten Myanmar, die – etwa in der Fischerei – für noch weniger Geld schuften. Und die zahllosen kleinen einheimischen Restaurants haben das Nachsehen, wenn die großen Touristen-Veranstalter ihre Gäste all inclusive zu den Ausflugszielen bringen."

Jo Angerer und Johannes Höflich: Thailand – das bedrohte Urlaubsparadies. In: SWR betrifft vom 28.01.2019. Unter: https://www.swr.de (Zugriff: 25.02.2020)

4

Thailand: Ausgewählte sozioökonomische Kennzahlen 2018 – Vergleich mit Deutschland

	Thailand	Deutschland
Wirtschaftsleistung und -struktur		
BIP nominal (Mrd. US-$)	504,9	3951
BIP/Einwohner (KKP US-$)	19484	52386
BIP nach Wirtschaftssektoren (%)		
– Primärer Sektor	8	0,7
– Sekundärer Sektor	36	30,5
– Tertiärer Sektor	56	68,8
Erwerbstätigkeit (%)		
– Primärer Sektor	33	1,4
– Sekundärer Sektor	23	24,1
– Tertiärer Sektor	44	74,5
Tourismus		
Einnahmen aus dem Tourismus (Mio. US-$)	63042	42977
Beitrag des Tourismus zum BIP (%)	21,6	8,6
Außenhandel		
Importe (Mrd. US-$)	249	1286
Exporte (Mrd. US-$)	252	1561
Soziales		
Arbeitslosigkeit (%)	0,7	5,7
HDI (2018)		
– Index	0,755	0,936
– Rang (von 189 Staaten)	83	5
– Bevölkerung unterhalb der Armutsgrenze (%)	7,8	16,7

Zusammengestellt nach verschiedenen Quellen; v.a. CIA World Factbook, GTAI

5

---

1 Beschreiben Sie die Entwicklung einer touristischen Destination nach dem Butler-Modell (Grafik 1).

2 Ordnen Sie die Phasen der touristischen Entwicklung Thailands in dieses Modell ein.

3 Analysieren Sie die Bedeutung des Tourismus für Thailand.

4.3 Entwicklung durch Ferntourismus?

Abbau räumlicher Disparitäten durch Tourismus?

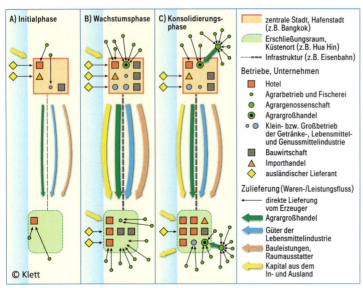

6 Thailand – touristische Erschließung eines Peripherraumes nach dem Phasenmodell
Nach Karl Vorlaufer: Tourismus in Entwicklungsländern. Darmstadt: Wissenschaftliche Buchgesellschaft 1996

7 Hua Hin am Golf von Siam
Einst ein verschlafenes Fischerdorf in einem Peripherraum; Bau der Eisenbahnstrecke von Bangkok nach Singapur 1921 als Startschuss für die touristische Entwicklung; heute ein beliebter Touristenort mit über 60 000 Einwohnern

Wie in nahezu allen **Entwicklungsländern** sind auch in Thailand große räumliche Disparitäten zu beobachten. Dabei sticht insbesondere die Dominanz der **Metropole** Bangkok hervor. Die Ursachen dieser Ungleichgewichte sind vielfältig. Zu nennen sind natürliche Faktoren wie Lagegunst, Relief oder Böden. Aber auch äußere Einflüsse wie überdauernde kolonial geprägte Wirtschaftsstrukturen oder das Investitionsverhalten der einheimischen bzw. ausländischen Unternehmer spielen eine entscheidende Rolle.

Die räumlichen **Disparitäten** stellen ein gravierendes Entwicklungsproblem dar. Durch die Konzentration aller Aktivitäten auf wenige Zentren oder gar nur auf die Metropole findet meist nur eine punktuelle Entwicklung statt. Für die Hauptstadtregion hat diese Entwicklung aber nicht nur positive Seiten. Hier ballen sich auch die sozialen und ökologischen Probleme (s. Kapitel 6). Das Hinterland dagegen, die Peripherie, fällt zurück und wird durch die Land-Stadt-Wanderung ständig weiter ausgehöhlt.

Zum Abbau dieser regionalen Disparitäten bietet sich der Tourismus aufgrund seiner spezifischen Standortansprüche geradezu an. Im Gegensatz zur Industrie oder zum Tertiären Sektor tendiert er nicht nur in die Zentren mit ihrem reichhaltigen kulturellen Angebot, sondern auch zur Peripherie, die für viele Reisende besonders attraktiv ist. Hier locken ökologisch noch weitgehend intakte, von der Verstädterung oder der Industrie noch nicht überformte Landschaften. Man denke nur an einsame Strände für den Badeurlaub, Hochgebirge für Trekkingtouren oder „undurchdringliche Regenwälder" für den Abenteuertouristen.

Aus entwicklungstheoretischer Sicht kann ein touristisches Zentrum – also die Hauptstadt oder ein Kernpunkt besonderer Attraktivität im Hinterland – die Rolle eines Wachstumspols übernehmen (Grafik 6). Von ihm können vielfältige Impulse auf vor- oder nachgelagerte Wirtschaftsbereiche ausgehen. Auch kann der tourismusbedingte Ausbau der Verkehrsinfrastruktur zur weiteren Erschließung und damit Entwicklung der Peripherregion beitragen.

Tourismus und Regionalentwicklung in Thailand

„Dank staatlicher Fördermaßnahmen und privatwirtschaftlicher Initiative setzte eine zunehmende touristische Erschließung der Peripherie ein. Ein wesentlicher Faktor dieser Entwicklung war u. a. die Eröffnung von Großflughäfen in der Peripherie. Die Flughäfen ... haben die vormals überragenden „Einfallstore" für den internationalen Tourismus, die Hauptstädte, relativiert ...

Die Wirtschafts- und Gesellschaftsstruktur vieler kleiner, ... vormals ausschließlich von einer wenig entwickelten Landwirtschaft und Fischerei abhängigen Inseln wurde im Zuge des Dranges des Tourismus in die Peripherie durch den Fremdenverkehr radikal umgestaltet, und sie entwickelten sich von Abwander- zu Zuwanderräumen mit einem häufig über dem Landesdurchschnitt liegenden BIP pro Kopf ... Zahlreiche Inseln Thailands sind markante Beispiele für die Einbindung vormals isolierter, unterentwickelter Inseln in den Massentourismus ...

Die unterentwickelten, von Hilltribes [Bergvölker] bewohnten Provinzen an der Grenze zu Myanmar, wie Mae Hon Son, konnten zwar in den letzten Jahren am expansiven Trekking- und Ethnotourismus teilhaben, weisen aber im Vergleich mit den seit Längerem etablierten Touristenzentren ... geringe Besucherzahlen auf. Die wirtschaftlichen Positiveffekte sind daher hier noch bescheiden, obwohl die Regierung diese Peripherräume verstärkt fördert. Den Status einer Peripherie haben demgegenüber die Provinzen Chiang Mai und noch ausgeprägter Phuket seit Jahrzehnten dank des Tourismus überwunden. Gleichwohl trotz zunehmender touristischer Erschließung peripherer Standorte ... ist Bangkok noch das bei Weitem bedeutendste Tourismuszentrum."

Karl Vorlaufer: a. a. O. 2018, S. 206/207

8

9 Tourismus in Thailand

10 Bangkok (Rooftop-Bar mit Blick auf Zentrum) – nach wie vor das dominierende Tourismuszentrum Thailands

4 Beschreiben Sie die in Grafik 6 dargestellte Entwicklung.

5 Erstellen Sie – ausgehend von dieser Grafik und auf der Grundlage einer Internetrecherche – eine Übersicht zur Entwicklung des Touristenstandortes Hua Hin (Foto 7, Karte 9).

6 „Die touristische Erschließung von Peripherräumen kann zum Abbau regionaler Disparitäten beitragen". Überprüfen Sie diese Aussage anhand der räumlichen Struktur der Tourismuswirtschaft Thailands (Karte 9).

7 Begründen Sie die dominierende Stellung Bangkoks als Tourismuszentrum (Internetrecherche).

4.4 Tourismus und nachhaltige Entwicklung

„Der Tourist zerstört, was er sucht, indem er es findet." Dieser Ausspruch mag zwar schon etwas alt und abgedroschen sein, aber er trifft noch immer den Kern der meisten touristischen Erschließungen. Mit dem ungeheuren Aufschwung des Fremdenverkehrs in den letzten Jahrzehnten haben sich die dadurch ausgelösten Umweltbelastungen dramatisch erhöht. Sie werden verschärft durch weitere Aktivitäten und Prozesse wie das **Bevölkerungswachstum**, das ausufernde Wachstum der Städte, die Zunahme des Verkehrs oder neue Konsummuster.

An ökologischen Belastungen in Südostasien sind u. a. zu nennen

- die Zersiedelung von Landschaften und das Entstehen hochverdichteter Touristensiedlungen insbesondere an den Küsten,
- Umweltverschmutzung durch ungeregelte Abfallbeseitigung,
- ein hoher Verbrauch von oft auch ökologisch oder agrarwirtschaftlich wertvollen Arealen,
- hoher Wasserverbrauch der Tourismuswirtschaft zulasten der lokalen Versorgung aus den Grundwasserkörpern,
- Zunahme von Verkehr, Emissionen und Lärm,
- Fehl- und Übernutzung wertvoller Ökosysteme und Biotope (z. B. Korallenriffe).

Zu den Umweltbelastungen kommen die negativen Begleiterscheinungen des Tourismus im sozialen Bereich. Zu nennen sind z. B. prekäre Arbeitsbedingungen bei einfachen Serviceleistungen, die hemmungslose Vermarktung und damit auch Entwertung von Kulturstätten oder die „Verwestlichung" und Uniformierung von Lebensstilen. Letzteres gefährdet die regionale Identität, das kulturelle Selbstbewusstsein der Menschen in Afrika, Lateinamerika – und eben auch in Südostasien. Reaktionen auf diese Gefährdungen zeigen sich nicht nur in lokalen Protesten gegen den „Overtourism", sondern auch in radikaler Form im religiösen Fundamentalismus.

1 Overtourism – an einem Strand in Thailand

Overtourism – Definition und treibende Kräfte
„[Overtourism beschreibt] das Phänomen, dass ein beliebtes Reiseziel oder eine Sehenswürdigkeit auf unhaltbare Weise von Touristen überrannt wird." (Greg Dickson, britischer Journalist) ... Insbesondere die Angebote von Airbnb, Kreuzfahrtschiffreedereien und Billigairlines verstärken die Ströme. Immer mehr Innenstadtwohnungen werden Touristen angeboten, die lokale Bevölkerung wird verdrängt, Mietverträge nicht verlängert, um mit Ferienwohnungen mehr Profit zu machen ... Die Kreuzfahrtriesen spucken eine riesige Menschenmenge gleichzeitig aus, die das Anlegeziel stürmen und völlig überlasten. Billige Flugangebote verschärfen den Besucherstrom, Wochenendbesuche werden für immer mehr Menschen möglich."
Nadine Rummel: Overtourism: Touristen bevölkern beliebte Urlaubsziele – zum Leid der Bevölkerung (24.08.2018) Unter: https://www.tourcert.org/overtourism (Zugriff: 25.02.2020)

2

„Was an Kreuzfahrten problematisch ist? Alles!"
Reiseexperte Frank Herrmann spricht im Interview über die Sünden der Reisebranche
Herr Herrmann ... Wie viel Tourismus verträgt die Erde? ...
An vielen Orten wird es ... immer enger. Das zeigt sich an einem erhöhten Ressourcenverbrauch, mehr CO_2, mehr Müll, aber auch an einer touristischen Entwertung ... Viele Ziele verlieren angesichts der Touristenmassen einfach an Authentizität und Attraktivität – beispielsweise Venedig, Barcelona, einige Inseln im Süden Thailands ...

Was ist eigentlich an der Kreuzfahrtbranche ... so problematisch? ...
Alles! Nutznießer sind eigentlich nur die Veranstalter und Werften, die immer mehr Luxusliner bauen ... Die Schiffe produzieren jede Menge Schadstoffe und Müll. Ökonomisch gesehen, haben die bereisten Länder fast nichts davon, dass die Pötte anlegen. Das Essen für die All-inclusive-Buffets an Bord wird in der Regel von Deutschland aus ... [geliefert]. Die meisten Schiffe fahren zudem nicht mehr unter deutscher Flagge, um Sozialabgaben und Steuern zu sparen. Die Arbeitszeiten für die Bediensteten sind lang, die Löhne niedrig. Und zu all dem gibt es hierzulande auch noch Subventionen für den Bau riesiger Hafenterminals, die es für die schwimmenden Megahotels braucht.
Tobias Schwab: „Was an Kreuzfahrten problematisch ist? Alles." (11.06.2017). Unter: https://www.fr.de (Zugriff: 25.02.2020)

3

Nachhaltiger Tourismus

Das Leitbild der Nachhaltigkeit wurde auf der UN-Konferenz für Umwelt und Entwicklung in Rio de Janeiro 1992 als weltweit verbindlich proklamiert. Es umfasst die drei Ziele „wirtschaftliche Leistungsfähigkeit", „soziale Gerechtigkeit" und „Schutz der Umwelt". Nachhaltigkeit erfordert eine Lebens- und Wirtschaftsweise, die die Bedürfnisse der heute lebenden Menschen zu befriedigen vermag, ohne die Chancen künftiger Generationen zu beeinträchtigen. Im Vordergrund stehen also zunächst einmal Ressourcenschonung und Umweltverträglichkeit. Der Gedanke des „sustainable development" geht aber darüber hinaus. Er sieht nur bei einer gleichwertigen Verwirklichung ökologischer, sozialer und wirtschaftlicher Ziele die Zukunftsfähigkeit der Weltgesellschaft gewährleistet.

Mit der Konferenz von Rio de Janeiro 1992 wurde dieses Leitbild einer nachhaltigen Entwicklung auch auf den Tourismus übertragen. Für diesen Wirtschaftszweig lassen sich seine drei Bereiche durch detaillierte Zielsetzungen und Indikatoren konkretisieren (Grafik 6).

5 Touristin in Myanmar – „sanftes" Reisen?

Agenda 2030 und Tourismus

„Die [UN-]Agenda 2030 [für nachhaltige Entwicklung] betont die hohe entwicklungspolitische Bedeutung eines nachhaltigen Tourismus. Ausdrücklich erwähnt wird er in folgenden Zielen:

8.9: Förderung eines nachhaltigen Tourismus, der Arbeitsplätze schafft und die lokale Kultur sowie lokale Produkte fördert

14.7: Die wirtschaftlichen Vorteile für die kleinen Inselentwicklungsländer und die am wenigsten entwickelten Länder durch nachhaltiges Management der Fischerei, der Aquakultur und des Tourismus erhöhen …

[Der Tourismus] kann … auch zur Verwirklichung anderer Ziele der Agenda 2030 beitragen, zum Beispiel zur Stärkung kleiner Nahrungsmittelproduzenten (Ziel 2.3), zur nachhaltigen Bewirtschaftung der natürlichen Ressourcen (Ziel 12.2) und zur Verringerung der Ungleichheit in und zwischen Ländern (Ziel 10)."

Bundesministerium für wirtschaftliche Zusammenarbeit und Entwicklung: Tourismus – eine Chance für nachhaltige Entwicklung (2020). Unter https://www.bmz.de (Zugriff: 25.02.2020)

4

Ziele und Indikatoren eines nachhaltigen Tourismus

ökonomische Ziele
- Schaffung von Beschäftigung
- Stärkung der regionalen Wirtschaft
- Existenz sichernde Löhne für Beschäftigte im Tourismus
- Förderung von Kleinproduzenten
- langfristige Sicherung des wirtschaftlichen Nutzens aus dem Tourismus
- Beitrag zur regionalen Wertschöpfung

Ziele des Tourismus im Rahmen einer nachhaltigen Entwicklung

ökologische Ziele
- Schonung touristischer Ressourcen (z. B. Natur, Biodiversität
- ökologische Verträglichkeit
- Senkung der Treibhausemissionen

soziokulturelle Ziele
- Erhalt der kulturellen Vielfalt und Eigenheiten
- gerechte Nutzenverteilung
- Partizipation der Bevölkerung an Entscheidungen
- interkultureller Austausch

Entwurf Wilfried Korby

6

---

1 „Overtourism": Beschreiben Sie Erscheinungsformen, Ursachen und mögliche Folgen.

2 „Kreuzfahrten" in der Diskussion
a) Gestalten Sie – ausgehend von M2 – eine Präsentation zu einer 14-tägigen Kreuzfahrttour durch Südostasien.
b) Erörtern Sie anschließend das Pro und Kontra derartiger Kreuzfahrten (Internetrecherche)

3 Erläutern Sie Ziele und Indikatoren eines nachhaltigen Tourismus (Grafik 6).

4 Diskutieren Sie – vor dem Hintergrund von Grafik 6 – das Verhalten der Touristin in Foto 5.

Tourismus und ökologische Nachhaltigkeit

- Strand
- Golfflächen
- Tennisplatz
- Wasserflächen (Lagunen, z.T. künstlich)
- H Hotel
- Ferienhäuser, Residenzen
- sonst. Bebauung
- 100 m

„In den großen … Siedlungen wie … im Laguna Resort auf Phuket [Karte] liegen die Luxushotels auf einer gepflegten Parklandschaft mit Seen, Fließgewässern, einer täglich geregelten Müllabfuhr (aber letztlich unsachgemäßer Endlagerung!), mit Anlagen zur Aufbereitung der Abwässer zu Brauchwasser für die Bewässerung. Umweltfreundliche Elektromobile tragen den Shuttle-Verkehr zwischen den Hotels und den weitverstreuten touristischen Angeboten in der Plansiedlung … Das Laguna Resort erhält seine Attraktivität auch durch die ausgedehnten Wasserlandschaften, die durch die Rehabilitation aufgelassener Zinngruben entstanden sind."

7 Plansiedlung Laguna Resort auf Phuket: nachhaltige Urlaubswelt?
Nach Karl Vorlaufer: Südostasien. Darmstadt: Wissenschaftliche Buchgesellschaft. 3. Auflage 2018, S. 201/202

Luxushotels als Vorreiter eines ökologischen Tourismus?

„Mehr und mehr Akteure des Reisegewerbes und NGOs setzen sich nicht nur für einen umweltverträglichen Tourismus ein, sondern bemühen sich auch um die Verhinderung und Beseitigung von Umweltschäden, die nicht vom Tourismus verursacht wurden, aber die touristische Attraktivität mindern. Diese Umweltaktivitäten … resultieren aus der täglichen Erfahrung mit Touristen, die im Urlaub die aus ihrer Heimat vertrauten Umweltstandards erwarten und einfordern. Touristen sind so vielerorts Agenten höheren Umweltbewusstseins …
Transnationale Reisekonzerne … fordern von ihren Vertragshotels [deshalb] die Einhaltung bestimmter Umweltstandards – allein schon, um die z.B. aus dem deutschen Reiserecht ableitbaren Regressansprüche zu unterbinden. Luxushotels sind so oft ‚Inseln ökologisch intakt erscheinender Umwelt', von denen Vorbildwirkungen … ausstrahlen … [So] wurden in Südostasien … mehrere große integrierte touristische Plansiedlungen vornehmlich durch privatwirtschaftliche Investitionen errichtet. [M9]"
Karl Vorlaufer: a.a.O. 2018, S. 201

9 Neuer Hotelkomplex

Kurzfristige ökonomische Interessen

„Die politischen Instanzen aller Länder [Südostasiens] haben zwar … zahlreiche Umweltschutzgesetze erlassen. Jedoch fehlen … kompetente und starke Kontrollinstanzen zur Durchsetzung … Nationalen und lokalen Eliten und Wirtschaftsakteuren gelingt es oft, ihre kurzfristigen ökonomischen Interessen unter Missachtung ökologischer Nachhaltigkeit durchzusetzen. Bezeichnend hierfür ist, dass der nach dem Tsunami vom 26.12.2004 von Politik und Öffentlichkeit geforderte und angekündigte Wiederaufbau der zerstörten Touristenzentren Patong auf Phuket und Ko Phi Phi unter Berücksichtigung ökologisch sinnvoller … Kriterien nur in kleinsten Ansätzen realisiert wurde … Der Wiederaufbau [erfolgte] auf Kosten der altansässigen kleinen Landeigentümer und Betriebsinhaber …, die häufig von den attraktiven Standorten durch ortsfremde und oft internationale kapitalstarke Investoren verdrängt wurden. Die Prinzipien ökologischer und sozialer Nachhaltigkeit wurden so verletzt."
Karl Vorlaufer: a.a.O. 2018, S. 201

Tourismus und soziokulturelle Nachhaltigkeit

Als positiver Einfluss des Tourismus wird häufig hervorgehoben, dass von ihm in **Entwicklungsländern** Anstöße zu einer gesellschaftlichen Modernisierung ausgehen. Viele Einheimische erfahren durch den direkten Kontakt mit Touristen neue, ihnen vorher verschlossene Lebensentwürfe. Zu nennen ist hier vor allem das auf einer Gleichwertigkeit der Geschlechter basierende Verhalten der meisten westlichen Touristen untereinander. Von dieser Beobachtung können Impulse für eine gewisse Emanzipation ausgehen. Sie werden dadurch verstärkt, dass Frauen in vielen Branchen der Tourismuswirtschaft eine Anstellung finden und somit über ein eigenes Einkommen verfügen. Es darf allerdings nicht verschwiegen werden, dass Frauen durch den Sextourismus in starkem Maße ausgebeutet werden. Das gilt insbesondere für Thailand, die Philippinen und Kambodscha.

Weiterhin wird angeführt, dass der Tourismus die Erforschung und den Schutz historischer Stätten fördere. Auch trage er zur Erhaltung und öffentlicher Unterstützung von traditionellen Volksbräuchen und Festen bei. Auch das einheimische Kunsthandwerk werde belebt. Hinzu komme, dass z. B. durch den wachsenden Ethnotourismus auch die Angehörigen selbst entlegenster Bergvölker – z. B. in Thailand, Vietnam oder auf den Philippinen – neue Einkommensquellen erschließen können. Das biete Chancen zur Verbesserung ihrer ansonsten oft bedrückenden wirtschaftlichen Lage. Die Bereisten besinnen sich auf den Wert ihrer Traditionen, ihrer Kultur, was zu einer Stärkung ihrer Identität und ihres Selbstbewusstseins führe.

Diesen positiven Einschätzungen stehen aber auch kritische Stimmen gegenüber.

5 Vergleichen Sie die in M7 – M10 dargestellten Projekte und Maßnahmen mit den Zielen und Indikatoren eines nachhaltigen Tourismus.

6 Erarbeiten Sie – ausgehend von der Karikatur 11 – einen Katalog mit Verhaltensregeln für Touristen.

7 Erörtern Sie die Frage, ob es einen sozialverträglichen Ferntourismus überhaupt geben kann.

8 Gestalten Sie eine Präsentation zu nachhaltigen Reiseformen und Reiseangeboten in Südostasien (Internet).

11 Interkultureller Austausch?

Wertewandel in Vietnam

„Mit der Öffnung des Landes haben die ausländischen Einflüsse stark zugenommen. Gerade bei den jungen Menschen stehen Sprache und Kultur des ehemaligen Feindes USA hoch im Kurs. Das führt zu Konflikten zwischen den Generationen, denn jahrhundertelang hat sich die Idee der nationalen Identität in der schwierigen Geschichte des Landes als verbindende Kraft bewährt.

Besonders auffällig ist der Übergang vom ‚wir' zum ‚ich', von dem in der vietnamesischen Gesellschaft tief verankerten Gemeinschaftsdenken zu einer stärkeren Betonung der Rolle des Individuums. Gerade der Begriff Freiheit, der früher gleichbedeutend war mit nationaler Unabhängigkeit, wird heute vor allem von der jungen Generation als die Freiheit des Einzelnen verstanden, der sich nicht mehr automatisch selbstlos der Gemeinschaft unterordnet."

Kirsten Praller: Vietnam. In: Planet Wissen 27.07.2016. Unter: https://www.planet-wissen.de/kultur/asien/vietnam/index.html (Zugriff: 25.02.2020)

12

5 Aktiv- und Passivräume Südostasiens

Vielfalt gilt als ein wesentliches Merkmal Südostasiens. Das spiegelt sich auch in den starken wirtschaftlichen und sozialen Disparitäten wider. Der wirtschaftliche Entwicklungsstand der Staaten, aber auch ihrer Regionen ist sehr unterschiedlich. Gleiches trifft auf die Lebenswelten der Menschen zu.

Man kann bei Südostasien ohne Weiteres von einem Raum der Extreme sprechen, denn in ihm treffen verschiedene Wirtschaftssysteme aufeinander. Ländlich-traditionelle Bevölkerung steht der in modernen Städten und Metropolen gegenüber, Armut und Reichtum prallen aufeinander, unterschiedliche Ethnien und Anhänger aller Weltregionen leben nebeneinander.

Diese Extreme zeigen sich auch auf der Raumebene. Auf der einen Seite stehen Aktivräume wie die städtischen Agglomerationen Singapur und Bangkok oder die dicht besiedelten agrarischen Gunsträume auf Java. Auf der anderen Seite gibt es Passivräume wie die dünn besiedelten Bergregionen oder die an der Peripherie gelegenen Inseln. Auch einzelne Länder lassen sich in Aktiv- und Passivräume differenzieren. Staaten wie Thailand, Malaysia und heute auch Vietnam zählen zu den Ersteren, Länder wie Myanmar, Laos oder Timor-Leste zu den Letzteren. Und während Brunei und Singapur zu den reichsten Staaten der Welt gehören, werden Länder wie Kambodscha, Laos oder Myanmar zu den ärmsten gerechnet.

Kompetenzen erwerben
- räumliche Disparitäten beschreiben;
- ihre Ursache analysieren;
- Aktiv- und Passivräume vergleichen;
- Disparitäten als Entwicklungshemmnisse charakterisieren;
- Maßnahmen zur Raumentwicklung erörtern.

1 Agrarischer Aktivraum – intensive Landwirtschaft auf Java, Indonesien

5.1 Räumliche Disparitäten – Erscheinungsformen und Ursachen

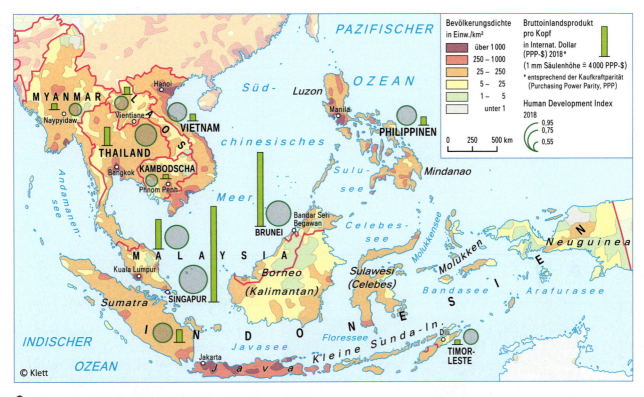

1 Südostasien – BIP/Kopf (US-$, PPP), HDI und Bevölkerungsdichte

Ausprägung räumlicher Disparitäten

Länderebene. Die Entwicklungsunterschiede zwischen den elf Staaten dieser Region sind extrem. Ein zentraler Indikator, um solche Unterschiede zu messen, ist das BIP pro Kopf. Nach ihm kann man die Staaten in Gruppen gliedern, wie sie die Karte 1 verdeutlicht. Dabei liegen Brunei und vor allem Singapur mit ihren Werten von 79 000 bzw. 94 000 US-$ im internationalen Vergleich ganz vorne und z. B. deutlich über dem Wert von Deutschland, der 2018 rund 55 000 US-$ betrug.

Neben dem **Pro-Kopf-Einkommen** gibt es weitere Faktoren zur Messung des Entwicklungsstandes, wie sie Tabelle 2 zeigt. Zu ihnen gehören demografische Indikatoren ebenso wie der Stromverbrauch pro Einwohner als Hinweis auf den Industrialisierungsgrad und auch auf den Wohlstand der Bevölkerung eines Landes. Von besonderer Bedeutung ist die Einstufung im **Human Development Index (HDI)**, dem „Index der menschlichen Entwicklung" der UNO. Er erfasst die Lebenserwartung bei der Geburt, das BIP pro Kopf (PPP) sowie die Dauer der schulischen Ausbildung. Beim HDI werden die Staaten von Rang 1 bis 59 der Gruppe mit „sehr hoher menschlicher Entwicklung" zugeordnet, von Rang 60 bis 112 der „hohen menschlichen Entwicklung" und von Rang 113 bis 151 einer „mittleren menschlichen Entwicklung". Auch dieser Indikator bestätigt die starken **Disparitäten** der Staaten in Südostasien.

Regionale Ebene. Räumliche Disparitäten zeigen sich jedoch nicht nur zwischen Staaten, sondern auch zwischen einzelnen Regionen. Ein Beispiel hierfür liefert Malaysia. Neben der Hauptstadt Kuala Lumpur sind es vor allem die von Industrieproduktion und Export geprägten **Sonderwirtschaftszonen** an den Küsten sowie die touristischen Kernräume, die man als Aktivräume bezeichnen kann. Dagegen zeigen vor allem die landwirtschaftlich geprägten Binnenräume deutliche Entwicklungsrückstände. Die Gefahr besteht, dass sich solche Strukturen sogar verfestigen, da bereits entwickelte Räume z. B. für Investitionen deutlich höhere Anreize bieten als die sogenannten Passivräume. Das so wachsende Entwicklungsgefälle führt u. a. zur Landflucht und zur ungeregelten Zuwanderung in den Aktivräumen.

Aktiv- und Passivräume Südostasiens

Daten zum Entwicklungsstand der südostasiatischen Länder, 2018/2019

	Einwohner (Mio.)	Städtische Bevölkerung (%)	Alphabetisierung (%, m/w)	Lebenserwartung (Jahre)	Energieverbrauch/Kopf (kWh/Jahr)*	HDI-Rang (189 Staaten)
Brunei	0,45	77,9	97,5/94,5	77,5	8165,30	39
Indonesien	262,79	56,0	97,2/93,6	73,2	758,41	116
Kambodscha	16,45	23,8	86,5/75,0	65,2	301,04	146
Laos	7,23	35,6	90,0/79,4	65,0	585,97	139
Malaysia	31,81	76,6	96,2/93,2	75,4	4181,12	57
Myanmar	55,62	30,9	80,0/71,8	68,6	232,10	148
Timor-Leste	1,32	30,9	71,5/63,4	68,7	<100,00	132
Philippinen	105,89	47,1	95,8/96,8	69,9	700,23	113
Singapur	6,01	100,0	98,0/95,4	85,5	7771,86	9
Thailand	68,62	50,7	94,7/91,2	75,1	2452,79	83
Vietnam	97,04	36,6	96,3/92,8	73,9	1383,96	116
zum Vergleich						
Deutschland	82,68	77,4	99,0/99,0	80,9	6395,90	5

Eigene Zusammenstellung nach verschiedenen Quellen, v. a. CIA World Factbook 2019 — *Daten von 2015/2016

2

3 Wohnen in Kambodschas Hauptstadt Phnom Penh

Ursachen räumlicher Disparitäten

Die Entstehung von räumlichen **Disparitäten** und damit von sozioökonomischen Unterschieden hat verschiedene Gründe. Sie beginnen bei den naturgeographischen Faktoren wie z. B. Böden oder Bodenschätzen, Klima und Lagegunst.

Das Vorhandensein von Erdöl und Erdgas hat z. B. Brunei sowie einigen Regionen Indonesiens erhebliche Vorteile verschafft. Eine bevorzugte Lage wiesen fast immer die Küstenregionen auf. Bei den meisten Ländern Südostasiens erfolgte die Erschließung durch die Kolonialmächte von den Küsten aus. Hier entstanden die Häfen und Städte, die sich bis heute zu den wichtigsten Aktivräumen entwickelt haben. Singapur und Jakarta sind Beispiele dafür.

Wichtig waren auch politische Strukturen, Auseinandersetzungen und Kriege. So hemmte die kommunistische Zentralverwaltungswirtschaft Vietnams lange Zeit die wirtschaftliche Entwicklung des Landes. In Myanmar war es die jahrzehntelange Abschottung von der Welt, die eine massive Rückständigkeit mit sich brachte und die erst 2010 endete. Schließlich sind die Kriege in Vietnam zu nennen, die Zeit der kommunistischen Pathet-Lao-Regierungen in Laos sowie die Terrorherrschaft der Roten Khmer in Kambodscha. Sie bedeuteten Jahre und Jahrzehnte der gesellschaftlichen Unterdrückung und des wirtschaftlichen Niedergangs – als Hypotheken bis heute.

1 Beschreiben Sie anhand der Materialien 1–3 räumliche Disparitäten in Südostasien.

2 Erläutern Sie, inwiefern räumliche und sozioökonomische Disparitäten ein Entwicklungshemmnis darstellen.

Beispiel Timor-Leste – Passivraum mit Zukunftschancen?

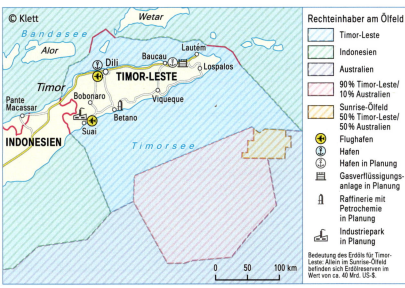

4 Timor-Leste (Osttimor)

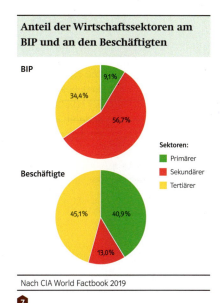

7

Schwerer Weg in die Unabhängigkeit

„Bis 1974 war das heutige Staatsgebiet eine portugiesische Kolonie. Nur wenige Tage nach dem Ende der portugiesischen Herrschaft wurde das Land von Indonesien besetzt. Nach Schätzungen kamen in den folgenden 24 Jahren 100 000 Menschen bei gewaltsamen Auseinandersetzungen ums Leben.
1999 fand auf Initiative der Vereinten Nationen und in Übereinkunft mit Indonesien ein Referendum statt, bei dem sich eine große Mehrheit der Bevölkerung für die Unabhängigkeit Timor-Lestes aussprach. Pro-indonesische Milizen und Teile der indonesischen Armee verwüsteten daraufhin das Land und zerstörten dabei den größten Teil der Infrastruktur. Wieder gab es sehr viele Todesopfer, zahlreiche Einwohnerinnen und Einwohner flüchteten in den indonesischen Westteil der Insel. Timor-Leste wurde unter eine Übergangsverwaltung der Vereinten Nationen gestellt, bis das Land 2002 unabhängig wurde.
Inzwischen ist das Verhältnis Timor-Lestes zur ehemaligen Besatzungsmacht Indonesien durchweg gut und vertrauensvoll. Gegenseitige Staatsbesuche und gemeinsame Versöhnungsinitiativen haben zur Entspannung der Beziehungen beigetragen."

Bundesministerium für wirtschaftliche Zusammenarbeit und Entwicklung: Timor-Leste 2020. Unter www.bmz.de (Zugriff: 26.02.2020)

 5

Herausforderungen und Chancen

Timor-Leste steht vor großen Herausforderungen. Sie liegen zum einen in der Bekämpfung der Armut und zum anderen darin, der hohen Zahl an jungen Menschen Bildung und Arbeit zu geben. Hier setzt man u.a. auf Industrialisierung. Um unabhängiger von der bisher unverzichtbaren Auslandshilfe zu werden, benötigt man ausländische Investitionen. Hierfür ist jedoch vieles notwendig, wie eine bessere Administration, eine gesicherte Rechtslage oder eine leistungsfähige **Infrastruktur**. Gerade bei Letzterer setzt das Land Hoffnungen auf Australien und auf Chinas Projekt der „Neuen Seidenstraße". Die Investitionen sollen auch helfen, den Tourismus anzukurbeln.

Timor-Leste – ausgewählte Daten	
Fläche (km²)	18 889
Einwohner	1 322 000
davon in der Hauptstadt Dili	300 000
Einwohner unter 14 J. (%)	40,4
Menschen unter der Grenze abs. Armut (%)	30,9
Exporte (Mio. US-$)	16,7
Importe (Mio. US-$)	681,2

Eigene Zusammenstellung nach verschiedenen Quellen, u. a. CIA World Factbook 2020

6

 3 Erarbeiten Sie die Rahmenbedingungen für die wirtschaftliche Entwicklung von Timor-Leste.

4 Beurteilen Sie die Zukunftschancen dieses Passivraums.

5.2 Räumliche Disparitäten konkret: Thailand, Myanmar und Indonesien

Wie bereits auf den vorigen Seiten zum Ausdruck kam, bestehen räumliche **Disparitäten** auf verschiedenen Ebenen – zum einen zwischen Staaten, zum anderen innerhalb von Staaten zwischen Regionen. Im Folgenden werden diese Entwicklungsunterschiede an zwei Beispielen aufgezeigt: erstens im Vergleich der beiden Nachbarstaaten Thailand und Myanmar und zweitens innerhalb des Inselstaates Indonesien.

1 Beschreiben Sie die Wirtschaftsstruktur der drei Beispielstaaten.

2 Analysieren Sie die Disparitäten ausgewählter Staaten.
a) Vergleichen Sie Thailand und Myanmar unter dem Aspekt zwischenstaatlicher Disparitäten.
b) Stellen Sie regionale Disparitäten innerhalb Indonesiens dar.

3 Erstellen Sie für beide Raumebenen ein kurzes Statement mit dem Titel „Überwindung von Disparitäten als Grundlage für eine gelingende Entwicklung".

Thailand und Myanmar – zwischenstaatliche Disparitäten

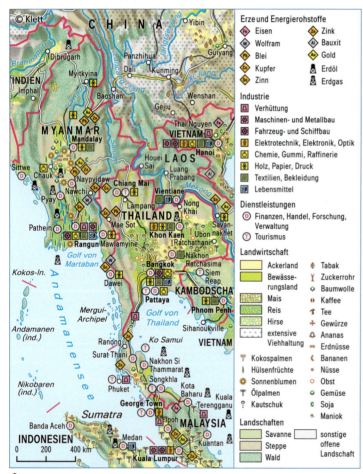

Historisch-politischer Hintergrund. Die beiden Nachbarstaaten blicken auf eine sehr wechselvolle Geschichte zurück. Thailand war über Jahrhunderte eine absolutistische Monarchie, die erst 1932 in eine konstitutionelle umgewandelt wurde. Reformen zu westlicher Modernität gab es aber schon unter König Rama V. seit Ende des 19. Jahrhunderts. In jüngerer Zeit hat sich die politische Situation verschärft. Demokratisch gewählte Regierungen wurden immer wieder durch das Militär gestürzt. Dieses herrscht auch seit 2018 und hat dem Land unter dem neuen König Rama X. eine gewisse Stabilität und Ruhe gebracht.

Auch Myanmar, das frühere Burma, war lange Zeit ein Königreich, bis es im 19. Jh. britische Kolonie wurde. Nach der Unabhängigkeit 1948 gab es eine demokratische Phase, die 1962 endete. Seitdem herrschten verschiedene Militärregime, die das Land seit 1988 dann nach Unruhen mit Tausenden Toten in der Hauptstadt Rangun völlig von der Außenwelt isolierten. 2010 fanden schließlich doch Parlamentswahlen statt, in der die Partei der Friedensnobelpreisträgerin Aung San Suu Kyi siegte. Die vom Militär initiierte Massenvertreibung der muslimischen Rohingya im Jahr 2017 und die gesamte aktuelle Situation zeigen allerdings, wer immer noch die dominierende Macht im Staat ist.

1 Thailand und Myanmar – Wirtschaft

Thailand und Myanmar im Vergleich, 2017/18

	Thailand	Myanmar
Bevölkerung (Mio.)	68,62	55,62
Bevölkerungsdichte (Ew./km²)	133,7	82,2
Bevölkerungswachstum (%)	0,29	0,89
Arbeitslosigkeit (%)*	0,7	4,0
BIP (Mrd. US-$)	455,40	67,28
Wachstumsrate BIP (% zum Vorjahr)	3,9	6,8
Beschäftigte (Mio.)	38,37	22,3
BIP nach Sektoren (%)		
Primärer Sektor	8,2	24,1
Sekundärer Sektor	36,2	35,6
Tertiärer Sektor	55,6	40,3
Beschäftigte nach Sektoren (%)		
Primärer Sektor	31,8	70,0
Sekundärer Sektor	16,7	7,0
Tertiärer Sektor	51,5	23,0
Bevölkerung unter der Armutsgrenze (%)**	7,2	25,6
Gini-Koeffizient***	0,38	0,38
Auslandsverschuldung (Mrd. US-$)	132,0	6,6
Kumulierte ausländische Investitionen (bis 2017, Mrd. US-$)	227,8	> 20,0
HDI (Wert/Rang)	0,755/83	0,578/148

* offizielle Angaben, berücksichtigen nicht den informellen Sektor
** weniger als 2 US-$ pro Tag stehen zur Verfügung
*** 0,0 würde vollkommene Einkommensgleichheit bedeuten, bei 1,0 bestände maximale Ungleichheit, d.h. das gesamte Vermögen würde einer Person gehören; Daten hier von 2015
Eigene Zusammenstellung, überwiegend nach CIA World Factbook 2019

Thailand – Altersstruktur, 2018

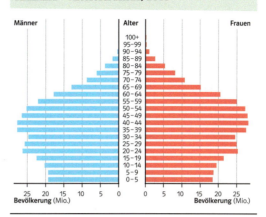

Nach CIA World Factbook 2019

Myanmar – Altersstruktur, 2018

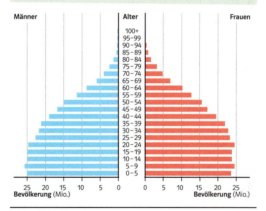

Nach CIA World Factbook 2019

Thailand – ökonomische Situation 2019

„Erfolgreiche, exportorientierte Industrialisierung hat die Wirtschafts- und Sozialstruktur des Landes grundlegend verändert. Auf dem Land hat sich eine marktorientierte Entwicklung durchgesetzt. Wichtige industrielle Sektoren sind die Automobilindustrie, die Elektronikindustrie, die Textilindustrie und die Bauwirtschaft. Bei den Dienstleistungen dominieren Tourismus, Telekommunikation und Finanzen. Die Landwirtschaft (Reis, Kautschuk, Fisch und Geflügel) ist inzwischen auch in globale Wertschöpfungsketten eingebettet. Thailand hat schon längst die Rolle als Tür zur Mekongregion und zu Asien eingenommen."

Oliver Pye: Thailand – ökonomische Situation 2019 (Februar 2020). Unter: https://www.LIPortal.de/thailand (Zugriff: 27.02.2020)

Myanmar – ökonomische Situation 2019

„Politische Unwägbarkeiten ... lasten auf der Wirtschaft des Landes. Für das Finanzjahr 2018/19 ... erwarten Analysten der Asian Development Bank (ADB) [dennoch] eine Erholung der wirtschaftlichen Lage und eine Wachstumssteigerung auf 6,6 Prozent. Im August 2018 in Kraft getretene Reformen des Investitions- und Gesellschaftsrechts erleichtern den Markteintritt für ausländische Unternehmen. Vor allem ostasiatische Investoren, allen voran aus China und Japan, verstärken ihr Engagement in Myanmar."

Frauke Schmitz-Bauerdick: Wirtschaftsausblick – Myanmar, v. 19.06.2019. Unter: www.gtai.de (Zugriff: 27.02.2020)

Thailand – Handelsbilanz und Veränderungen gegenüber dem Vorjahr

	2015 (Mrd. US-$)	Veränderung (%)	2016 (Mrd. US-$)	Veränderung (%)	2018 (Mrd. US-$)	Veränderung (%)
Einfuhr	202,0	−11,4	195,7	−3,1	249,2	k. A.
Ausfuhr	210,9	−7,3	213,6	1,3	252,5	k. A.
Saldo	**8,9**		**17,9**		**3,3**	

GTAI: Thailand, Wirtschaftsdaten kompakt, Mai 2019

Thailand – Importe und Exporte nach Warengruppen, 2018

Einfuhrgüter	% der Gesamteinfuhr	Ausfuhrgüter	% der Gesamtausfuhr
Elektronik	13,1	Elektronik	15,3
Erdöl	11,2	Nahrungsmittel	12,4
chemische Erzeugnisse	10,8	Kfz und -Teile	12,1
Maschinen	9,6	chemische Erzeugnisse	10,6
Elektrotechnik	6,4	Maschinen	9,4
Eisen und Stahl	5,3	Elektrotechnik	6,6
Nahrungsmittel	5,0	Rohstoffe (außer Brennstoffe)	4,7
Kfz und -Teile	4,0	Petrochemie	3,3
Metallwaren	3,5	Textilien/Bekleidung	3,0
NE-Metalle	3,5	Kautschuk-Erzeugnisse	2,9
Sonstige	27,6	Sonstige	19,7

GTAI: ebd.

Thailand – Hauptliefer- und Hauptabnehmerländer, 2018

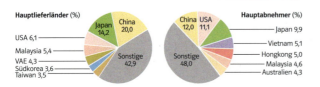

Hauptlieferländer (%): China 20,0; Japan 14,2; USA 6,1; Malaysia 5,4; VAE 4,3; Südkorea 3,6; Taiwan 3,5; Sonstige 42,9

Hauptabnehmer (%): China 12,0; USA 11,1; Japan 9,9; Vietnam 5,1; Hongkong 5,0; Malaysia 4,6; Australien 4,3; Sonstige 48,0

GTAI: ebd.

Thailand – ausländische Investitionen, Bestand 2017 nach Ländern und Branchen

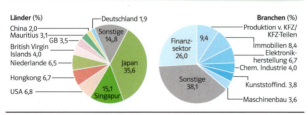

Länder (%): Japan 35,6; Singapur 15,1; USA 6,8; Hongkong 6,7; Niederlande 6,5; British Virgin Islands 4,0; GB 3,5; Mauritius 3,1; China 2,0; Deutschland 1,9; Sonstige 14,8

Branchen (%): Sonstige 38,1; Finanzsektor 26,0; Produktion v. KFZ/KFZ-Teilen 9,4; Immobilien 8,4; Elektronikherstellung 6,7; Chem. Industrie 4,0; Kunststoffind. 3,8; Maschinenbau 3,6

GTAI: ebd.

Thailand – ökonomische Prinzipien und Perspektiven

„Die Wirtschaftspolitik Thaksins [Milliardär und thailändischer Premier von 2001–2006] kombinierte … eine exportorientierte Wachstumsstrategie mit … Investitionsprogrammen. Das Bemühen um die Binnennachfrage wurde von Yingluck Shinawatra mit der Erhöhung des Mindestlohns fortgeführt. Die Yingluck-Regierung hatte zudem ein ambitioniertes Investitionsprogramm beschlossen. Das Programm ‚Building the Thai Future 2020' sollte die Infrastruktur des Landes modernisieren. Fast 6 Billionen Baht, oder 20 % des Bruttosozialprodukts, sollten in Autobahnen, Hochgeschwindigkeitszüge und Flutpräventionsmaßnahmen investiert werden. Große Beliebtheit – aber auch große Kritik – erfuhr das Reissubventionsprogramm, das Kleinbauern einen stabilen Preis garantieren sollte. Aufgrund eines drastischen (und zum Teil spekulativ verursachten) Verfalls des globalen Reispreises blieb die Regierung auf Lagerhallen voller Reis und Milliardenschulden sitzen. Seit dem Putsch im Mai 2014 bleibt das Militär aber auf dem gleichen wirtschaftspolitischen Kurs. Das Regime zahlte schnell die versprochenen Preise an die Kleinbauern, erfand ein eigenes Reisprogramm und behält auch den Mindestlohn bei – da es um einen weiteren Verlust an Legitimation fürchtet. Auch das Infrastrukturprogramm wird im Kontext von Chinas Neuer Seidenstraße fast unverändert fortgeführt. …

Kurz nach dem Militärputsch 2014 haben Tausende von Menschen die Flucht Richtung Kambodscha und Myanmar ergriffen. Sie hatten vor einer repressiveren Politik des Militärregimes gegenüber ausländischer ArbeiterInnen Angst. Nun hat sich diese Befürchtung bewahrheitet. Im neuen Gesetz zur Regulierung der Arbeit von „Aliens" wird eine mögliche Höchststrafe von fünf Jahren festgeschrieben, wenn MigrantInnen ohne Arbeitserlaubnis in Thailand arbeiten. Anstatt die rechtliche Situation der Arbeitnehmerinnen zu stärken, die oft unter der Willkür der Arbeitgeber und von organisierten Traffickingnetzwerken zu leiden haben, werden sie weiter kriminalisiert und entrechtet. In den ersten Tagen nach Gesetzeseinführung sind schon Tausende aus dem Land geflohen. Da Thailand in Schlüsselindustrien wie Textil, Fischerei, Elektronik und Landwirtschaft auf MigrantInnen angewiesen ist, wird schon von einer potenziellen Krise für die gesamtwirtschaftliche Entwicklung gesprochen. … [2013 wurden Verhandlungen über ein Freihandelsabkommen mit der EU aufgenommen, dem ‚Thai-EU-FTA'.] Seit dem Militärputsch 2014 sind die Verhandlungen um ein Freihandelsabkommen allerdings ausgesetzt worden."

Thailand. Wirtschaft und Entwicklung (Januar 2020).
Unter: www.LIPortal.de/thailand/wirtschaftentwicklung (Zugriff: 27.02.2020)

Myanmar – ökonomische Prinzipien und Perspektiven

Die Gesellschaft Myanmars ist geprägt vom Nebeneinander verschiedener ethnischer und sozialer Gruppen. Sie vermischen sich nicht, sondern leben und handeln getrennt voneinander. Das betrifft auch das wirtschaftliche Agieren.

In der **Kolonialzeit** dominierten Briten, Chinesen und Inder die Wirtschaft. Ihr Einfluss wurde jedoch nach der Unabhängigkeit stark zugunsten der einheimischen buddhistischen Oberschicht beschnitten. Durchschlagende ökonomische Erfolge für das ganze Land stellten sich dadurch aber nicht ein, da sich vor allem die Situation der vielen Menschen, die in der Landwirtschaft und in Kleinbetrieben arbeiteten, nicht verbesserte.

Myanmar – wirtschaftliche Entwicklung

„Trotz der Reformen der Regierung zur Anziehung ausländischer Investitionen und zur Reintegration des Landes in die Weltwirtschaft, hat sich bis heute der Lebensstandard für die Mehrheit der Menschen nicht verbessert. Das Vermächtnis der Isolationspolitik der früheren Regierungen und des wirtschaftlichen Missmanagements – schlechte Infrastruktur, Korruption, unterentwickelte Humanressourcen und unzureichender Zugang zu Kapital ist weiterhin eine große Herausforderung. …

Die Ausgaben für das Militär sind in den letzten Jahren verringert worden, während die notorisch geringen Ausgaben für Gesundheit und Erziehung erhöht wurden. Insgesamt werden die weiteren Aussichten für die Wirtschaft positiv eingeschätzt, vorausgesetzt, der gesamtgesellschaftliche Reformprozess wird fortgesetzt. …

Aufgrund der Gasvorräte könnte Myanmar aber bei einem weiteren Ausbau der vorhandenen Ressourcen zu anderen Ländern im asiatisch-pazifischen Raum aufschließen. Die kommerzielle Nutzung des Yadana-Feldes ist ein Joint Venture der französischen Firma Total (31,25 %), der amerikanischen Firma Unocal (28.25 %) sowie den beiden Staatsbetrieben PTT (Thailand, 25,5 %) und MOGE (Myanmar, 15 %). Die Produktion wurde ebenso im Yetagun-Feld 2000 aufgenommen. … Das Zawtika-Feld wird von thailändischen und myanmarischen Staatsfirmen betrieben, die Produktion ist 2014 angelaufen. Dasselbe gilt für das Shwe-Feld, dessen Konsortium von zwei koreanischen Firmen beherrscht wird. Außerdem sind zwei indische Firmen sowie wieder die myanmarische Firma MOGE beteiligt."

Myanmar. Wirtschaft und Entwicklung (November 2019).
Unter: www.LIPortal.de/myanmar/wirtschaft-entwicklung
(Zugriff: 27.02.2020)

Myanmar – Handelsbilanz und Veränderungen gegenüber dem Vorjahr

	2016 (Mrd. US-$)	Veränderung (%)	2017 (Mrd. US-$)	Veränderung (%)	2018 (Mrd. US-$)	Veränderung (%)
Einfuhr	15,7	7,2	19,3	22,7	24,1	25,2
Ausfuhr	11,7	4,3	13,9	18,9	15,4	10,7
Saldo	–4,0		–5,4		–8,7	

GTAI: Myanmar, Wirtschaftsdaten kompakt, Mai 2019

Myanmar – Importe und Exporte nach Warengruppen, 2018

Einfuhrgüter	% der Gesamteinfuhr	Ausfuhrgüter	% der Gesamtausfuhr
Petrochemie	17,6	Nahrungsmittel	29,5
Kfz und -Teile	10,5	Gas	23,6
Chemie	10,2	Textilien/Bekleidung	18,0
Nahrungsmittel	10,1	Rohstoffe (außer Brennstoffe)	4,8
Maschinen	9,5	NE-Metalle	3,8
Textilien/Bekleidung	7,4	sonstige Fahrzeuge	3,6
Eisen und Stahl	5,8	nichtmetallische Mineralien	2,7
Elektronik	3,8	Eisen und Stahl	2,5
Öle, Fette, Wachse	3,5	Petrochemie	2,0
Elektrotechnik	3,3	Schuhe	1,8
Sonstige	18,3	Sonstige	7,7

GTAI: ebd.

Myanmar – Hauptliefer- und Hauptabnehmerländer, 2018

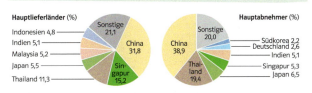

GTAI: ebd.

Myanmar – ausländische Investitionen, Bestand 2018 nach Ländern und Branchen

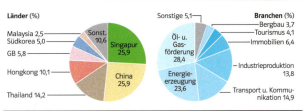

GTAI: ebd.

5.2 Aktiv- und Passivräume Südostasiens

Indonesien – innerstaatliche Disparitäten

17 Indonesien – Wirtschaft

18 Indonesien – Bevölkerungsverteilung

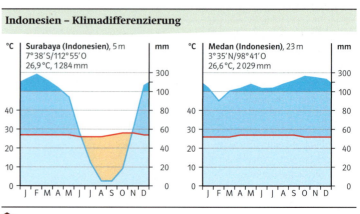

19 Indonesien – Klimadifferenzierung

Mit ca. 263 Mio. Einwohnern ist Indonesien das viertbevölkerungsreichste Land der Erde. Es verfügt über eine gewaltige West-Ost-Ausdehnung von 5100 km und eine Nord-Süd-Ausdehnung von 1900 km. In Verbindung mit der starken Zergliederung in fast 17500 Inseln und der Zersplitterung in ungefähr 300 Völker sind allein von diesen Werten her innerstaatliche **Disparitäten** zu erwarten.

Ein Spiegelbild dieser Entwicklungsunterschiede ist die Verkehrsinfrastruktur, die eine der Grundvoraussetzungen für die wirtschaftliche, soziale und politische Integration des großen Landes ist. Sie weist deutliche Mängel im Hinblick auf die Verteilung und Dichte der Systeme auf. Das gilt besonders für die beiden wichtigen Sektoren See- und Flugverkehr. Probleme gibt es bei der interinsularen Personen- und Güterflotte und bei den z.T. modernisierungsbedürftigen Hafenanlagen. Der Flugverkehr ist nur auf relativ wenige Wirtschafts- und Touristenzentren ausgerichtet.

Investor China

„Indonesien und China prüfen die Zusammenarbeit beim Ausbau der Infrastruktur des Archipels. Vertreter von Regierungen und Staatsunternehmen beider Seiten haben sich Ende März auf Bali zu Verhandlungen über die Vergabe von 28 Projekten im Wert von 91,1 Milliarden US-Dollar (US-$) getroffen. Für sieben weitere Projekte werden laut indonesischen Regierungskreisen gerade Machbarkeitsstudien erstellt. Ursprünglich waren 50 Projekte in der Auswahl gewesen. Chinesische Infrastrukturprojekte im Ausland gelten, vor allem wenn sie dem Handel dienen, als Teil der sogenannten Neuen Seidenstraße.

Bei den Projekten … handelt es sich um Vorhaben aus allen Bereichen der Infrastruktur, inklusive Industrieparks, Hütten- und Kraftwerke sowie Tourismusanlagen. …

Die indonesische Investitionsbehörde BKPM hat u. a. Nordsumatra, Nordkalimantan, Nordsulawesi und Bali – den sogenannten Regional Comprehensive Economic Corridor – als Projektstandorte benannt. …"

Ausgewählte chinesische Infrastrukturprojekte in Indonesien (Mrd. US-$)

- Hochgeschwindigkeits-Bahnstrecke Jakarta – Bandung: 5,6
- Weda Bay Industrial Park, Halmahera/Molukken: 7,8–10
- Stahlwerk in Konawe/Südsulawesi: 2
- Stahl- und Kohlekraftwerk, Morowali Industrial Park/Zentralsulawesi: 1,6

Frank Malerius: China treibt neue Seidenstraße in Indonesien voran. (02.04.2019). Unter: www.gtai.de (Zugriff: 28.02.2020)

Politische Lage

„In der Vergangenheit wurden vereinzelte Anschläge insbesondere in der Hauptstadt Jakarta verübt, Mitte Mai 2018 in Surabaya und Sidoarjo im Osten Javas. Die indonesischen Sicherheitskräfte gehen entschieden gegen Terrorismus vor. Dennoch besteht weiterhin ein erhöhtes Risiko von Terroranschlägen in ganz Indonesien. Internationale Hotels, Einkaufszentren, Diskotheken, Flugplätze, christliche Kirchen und westliche oder nicht-muslimische Einrichtungen insbesondere im großstädtischen Bereich, wie Jakarta, Bandung, Medan, Makassar und Surabaya sowie auf der Insel Bali, gelten als besonders anschlagsgefährdet. …

In der auf den Molukken gelegenen Provinzhauptstadt Ambon sowie in Zentralsulawesi um die Stadt Poso kam es in der Vergangenheit zu Unruhen aufgrund von ethnischen und religiösen Spannungen mit Toten und Verletzten. Die Situation hat sich in beiden Regionen stabilisiert; Vorsicht bei Reisen in diese Regionen wird dennoch empfohlen. Für Papua und West-Papua gelten besondere polizeiliche Vorschriften und Beschränkungen für Einreise und Aufenthalt bei nicht-touristischen Aufenthalten. Es ist zuletzt im August und September 2019 zu teilweise gewaltsamen Zusammenstößen zwischen Demonstranten und Sicherheitskräften gekommen, das Internet wurde in den beiden Provinzen zeitweise gesperrt. Auch in den übrigen Landesteilen sowie insbesondere in der Hauptstadt Jakarta kann es zu Demonstrationen kommen, bei denen gewaltsame Auseinandersetzungen und Verkehrsbeeinträchtigungen nicht ausgeschlossen werden können."

Auswärtiges Amt: Indonesien (28.02.2020). Unter: www.auswaertiges-amt.de (Zugriff: 28.02.2020)

Indonesien – Indikatoren räumlicher Disparitäten

Region	BIP/Kopf (1000 Rupiahs)	BIP-Wachstum (%)	Bevölkerung unter der Armutsgrenze von 2 US-$ pro Tag (%)	Haushalte mit Internetnutzung (%)	Ausländische Direktinvestitionen (Mio. US-$)	HDI-Wert (von 100)
Sumatra (10 Provinzen)	66 862	3,75	11,03	49,5	5676,3	0,708
Java (Hauptstadtdistrikt + 5 Provinzen)	120 710	5,45	8,47	62,0	14 772,6	0,748
Bali (3 Provinzen)	31 347	5,71	13,08	44,0	947,8	0,685
Kalimantan (5 Provinzen)	89 022	2,93	6,26	50,2	2588,7	0,702
Sulawesi (6 Provinzen)	35 799	8,00	12,92	43,0	2765,0	0,673
Maluku/Papua (4 Provinzen)	48 097	6,87	17,41	31,0	2224,4	0,628

Statistik Indonesia 2017

5.3 Räume entwickeln

1 Lebensader Mekong

Mekong, größter Fluss Südostasiens – Zahlen und Fakten
Länge: 4 340 km
Ursprung: Hochland von Tibet
Anrainerstaaten: China, Myanmar, Thailand, Laos, Kambodscha, Vietnam
Menschen, die am Fluss leben: 60 Mio., davon im Mekong-Delta 17 Mio.
Fluss als Lebensgrundlage durch: Fischfang, Reisanbau, Transport, heute auch durch: Stromerzeugung

2

3 Mekong – Staudämme
Nach WWF

... durch regionale Zusammenarbeit

Mekong River Commission. Zwischenstaatliche **Disparitäten** mindern und Räume entwickeln – eine Möglichkeit hierfür sind grenzüberschreitende Kooperationen. Ein Beispiel für einen solchen integrativen Ansatz liefert der Mekong. Vier seiner Anrainerstaaten – Thailand, Laos, Kambodscha und Vietnam – gründeten 1995 die „Mekong River Commission" (MRC) mit dem Ziel, das Wassermanagement des Flusses gemeinsam zu gestalten. Das erschien dringend notwendig, da verschiedene Staaten Staudämme planten, um das riesige Wasserkraftpotenzial des Flusses zu nutzen. Dieses umfasst ca. 50 000 Megawatt, was der Leistung von rund 25 großen Kraftwerken entspricht. Zum einen besteht der Bedarf an Strom, um die wirtschaftliche Rückständigkeit zu überwinden und die jeweilige Landesentwicklung voranzutreiben. Durch die geplanten vier Riesenkraftwerke am Mekong könnte z. B. Laos, das aufgrund seiner Raumausstattung nur wenige ökonomische Möglichkeiten besitzt, zu einem bedeutenden Stromexporteur werden. Die Deviseneinnahmen könnten in die Raumentwicklung fließen. Zum anderen sind für die Anrainerstaaten der weitere Ausbau des Flusses für die Schifffahrt, der Bau von Häfen oder die Ausdehnung der Bewässerungsflächen wichtige wirtschaftliche Aspekte.

Den Staaten ist bewusst, dass eine unabgestimmte Nutzung Konflikte mit sich bringt. Ein Beispiel ist die Gefährdung der extrem reichen Fischbestände, die die Nahrungsgrundlage für Millionen Menschen darstellen. Darüber hinaus kann die Veränderung des Wasserregimes zur Verringerung der fruchtbaren Sedimentablagerungen im Mekongdelta führen.

Die MRC soll dafür sorgen, dass die Potenziale des Mekong kooperativ und nachhaltig entwickelt werden. Zwei Probleme gibt es hierbei: Erstens liegt der Kommission kein bindender Vertrag zugrunde. Und zweitens ist China kein Vollmitglied und nicht verpflichtet, seine Nachbarn über eigene Baumaßnahmen am Oberlauf des Flusses zu informieren.

Mekong-India Economic Corridor. Im Mittelpunkt dieses Konzepts zur wirtschaftlichen Integration stehen Infrastrukturprojekte (s. Karte 4). Sie werden ergänzt durch die Anlage von industriellen Entwicklungspolen und **Sonderwirtschaftszonen**. Dabei soll in drei Schritten vorgegangen werden: Zuerst erfolgt eine Projektverwirklichung in Thailand, Kambodscha und Vietnam zur Verbesserung der ökonomischen Integration dieser drei Staaten. In einem zweiten Schritt werden die Projekte in Myanmar verwirklicht, die besondere Investitionen erfordern, da es sich weitgehend um Neubauten handelt. Von Dawei aus soll dann die Schiffs- und Fluganbindung an die ostindische Küste erfolgen, besonders an den Hafen Chennai. Dadurch wird der Handelsweg nach Indien je nach Staat um 700–2000 km verkürzt. Durch den Partner Indien erhofft man sich u. a. auch eine bessere Teilhabe am Globalisierungsprozess.

Bis heute sind allerdings wegen der hohen Investitionskosten erst wenige Einzelprojekte realisiert.

Das Konzept der „Korridore"

"Among multiple policies supporting robust integration among East Asian countries, Free Trade Agreements (FTA) have been under spotlight since the start of ASEAN Free Trade Area in 1992. Furthermore, 'Economic or Industrial Corridor' concept has attracted significant attention to effectively promote economic integration of the region. Economic or Industrial Corridors constitute state-of-the-art transportation infrastructure such as modern expressway and high-speed railway transportation that connect major industrial agglomerations, modern airports, Special Economic Zones and other industrial infrastructures alongside the route – with enabling policy frameworks. Advantages to businesses and industries along the corridor include benefits arising from smooth access to the industrial production units, decreased transportation and communications costs, improved delivery time and reduction in inventory cost. The 'corridor' is thus intended to develop a sound industrial base, served by world-class competitive infrastructure as a prerequisite for attracting investments and industries particularly manufacturing."

Economic Research Institute for ASEAN and East-Asia: Mekong-India Economic Corridor Development. Concept Paper 2009

5

4 Die Infrastrukturprojekte im Rahmen des Mekong-India Economic Corridor
Nach Economic Research Institute for ASEAN and East-Asia

1 Staudämme am Mekong:
a) Charakterisieren Sie die Bedeutung des Mekong für die Region.
b) Erläutern Sie Notwendigkeiten und Probleme eines gemeinsamen Wasser-Managements in der Mekong-Region.

2 Mekong-India Economic Corridor:
a) Beschreiben Sie die konkreten Infrastrukturmaßnahmen für das Projekt.
b) Nehmen Sie zu der Aussage Stellung: „Der Mekong-India Economic Corridor ist ein besonders gelungenes Beispiel für Kooperation und Integration in SO-Asien."

5.3 Aktiv- und Passivräume Südostasiens

6 Südostasien – Projektbeispiele im Rahmen der „Neuen Seidenstraße"
Nach GTAI

... durch internationale Kooperation

Im Jahr 2013 beschloss China die „Belt and Road Initiative", besser bekannt unter dem Namen „Neue Seidenstraße". Zum einen umfasst die Initiative den kontinentalen Seidenstraße-Wirtschaftsgürtel von China über Zentralasien und den Nahen Osten bis nach Europa („Belt"). Zum anderen gehören maritime Routen dazu, ausgehend von Südchina über Südostasien, Indien, Sri Lanka, Pakistan, Ostafrika bis ebenfalls nach Europa („Road"). Es geht um die verbesserte Anbindung des Exportweltmeisters China an bestehende oder aufstrebende Wirtschaftsräume in Asien, Afrika und Europa, und zwar auf der Straße, per Eisenbahn oder Schiff.

Eine wichtige Rolle kommt bei diesen Projekten Südostasien zu, was auch an der räumlichen Nähe zu China liegt. Die Schwerpunkte liegen in dieser Region auf dem Ausbau von Eisenbahnverbindungen, auf der Erschließung und Sicherung von Energiequellen sowie auf dem Ausbau der maritimen Strukturen. Letzteres ist besonders wichtig, da China rund 90 % seiner Exporte über den Seeweg abwickelt.

Zu den ökonomischen Überlegungen kommt allerdings auch noch eine brisante politische: China will Verbündete gewinnen, um seine Territorialansprüche im Südchinesischen Meer durchzusetzen. Hier besteht ein Konflikt mit Japan und Südkorea, aber auch mit Vietnam.

Neue Seidenstraße: Chinas Interessen und Projekte in Südostasien

„Chinas Regierung möchte die Provinz Yunnan zu einem Brückenkopf Richtung Südostasien ausbauen. So ist eine 3 900 Kilometer lange Bahnverbindung zwischen Yunnans Hauptstadt Kunming und Singapur geplant. Teile, wie der Streckenabschnitt von Kunming zur laotischen Hauptstadt Vientiane, befinden sich bereits im Bau. …

In Thailand geht es nun in die erste Bauphase einer Hochgeschwindigkeitsstrecke von Bangkok nach Nakhon Ratchasima. Über die Weiterführung der Strecke nach Nong Khai an der Grenze zu Laos, die später mit der laotischen Linie verbunden werden soll, laufen derzeit Gespräche. In Malaysia wird ein chinesisches Unternehmen den Bau des East Coast Rail Links, welcher die Ostküste der malayischen Halbinsel mit dem Westen Malaysias über die Schiene verbinden soll, übernehmen. Die Sicherung der Seehandelsrouten ist für China existenziell, denn das Land wickelt etwa 90 Prozent seines Außenhandels über den Seeweg ab. Durch die Erschließung neuer und den Ausbau vorhandener Routen und Umschlagplätze in Südostasien will sich China von der Malakka-Straße unabhängiger machen. Die Meerenge zwischen der Malaiischen Halbinsel und der Nordostküste von Sumatra wird immer wieder von Piraten bedroht und ist in Krisenfällen verhältnismäßig leicht zu blockieren. Nichtsdestotrotz beteiligt sich auch ein chinesisches Unternehmen am beabsichtigten Bau des neuen Tiefseehafens in Malakka. Um unabhängiger von Öltransporten durch die Meerenge zu werden, kommt chinesischen Investitionen in den Tiefseehafen von Kyaukpyu in Myanmar eine hohe strategische Bedeutung zu. Schon seit 2013 fließt Gas durch eine Pipeline von Kyaukpyu in die chinesische Provinz Guangxi. Im April 2017 nahm zudem eine Erdölpipeline nach Yunnan ihren Betrieb auf. Bei Kyaukpyu soll zudem die dritte Sonderwirtschaftszone des Landes unter chinesischer Federführung entstehen. Auch in Kambodscha und Laos ist China an einer Reihe von Industriezonen beteiligt. Der Schwerpunkt des chinesischen Engagements in den drei Ländern liegt jedoch in der Stromerzeugung aus Wasserkraft."

Stefanie Schmitt u. a.: Südostasien. Eisenbahnprojekte vernetzen die Region. In: Im Fokus 2018. Unter: www.gtai.de/ (Zugriff: 27.02.2020)

Beispiel Myanmar. Myanmar gehört, wie schon Quellentext 8 deutlich macht, zu den Schwerpunkten der chinesischen Seidenstraße in Südostasien. Es geht hier einerseits um die Sicherung der Erdöl- und Erdgasversorgung für den wirtschaftlich boomenden Süden Chinas. Bevor Tanker aus dem Nahen Osten durch die Straße von Malakka fahren müssen, können sie am neuen Tiefseehafen von Kyaukpyu anlegen. Sein Bau ist mit 7,3 Mrd. US-$ Kosten veranschlagt, die ein chinesisch-thailändisches Konsortium aufbringt. Hinzu kommen weitere 2,3 Mrd. US-$ für eine Sonderwirtschaftszone (SWZ), u.a. mit petrochemischer Industrie.

Myanmar als Staat mit besonders starken Entwicklungsrückständen erhält so einen dritten Tiefseehafen sowie eine dritte **Sonderwirtschaftszone** in einem bis dahin wenig erschlossenen Landesteil. Hier entstehen industrielle Arbeitsplätze und Produkte auch für den Export. China sichert sich nicht nur bei Öl- und Gaslieferungen ab, sondern stärkt auch seinen wirtschaftlichen und politischen Einfluss. Dies umso mehr, als China auch bei den beiden anderen SWZ als Mit-Investor aufgetreten ist. Wie auch bei anderen Projekten fließen darüber hinaus hohe Anteile an den Hafeneinnahmen für Jahrzehnte nach China, quasi als Rückzahlungen für die getätigten Investitionen.

9 „Neue Seidenstraße" – Projekt Kyaukpyu, Myanmar
Nach NZZ

Beispiel Vietnam

„Hanoi (GTAI) – Vietnam bietet sich als idealer Partner bei der Verwirklichung des maritimen Parts der chinesischen ‚Belt and Road Initiative' an. Denn das Land ist als einziger der ASEAN-Staaten mit China sowohl über eine See- als auch eine Landgrenze verbunden. Vietnam könnte daher eine strategisch wichtige Brückenposition zum ASEAN-Raum einnehmen, doch das Land reagiert zurückhaltend. Chinesische Investoren engagieren sich trotzdem mit einer Vielzahl an Projekten. …

Projekte, die von chinesischer Seite angedacht und von Vietnam grundsätzlich auch dringend benötigt werden, sind insbesondere der Aufbau einer modernen Eisenbahninfrastruktur. Die Pläne für einen China-Indochina Peninsula Economic Corridor (CICPEC) und das damit im Zusammenhang stehende Pan-Asia-Railway Network-Projekt sehen auf der östlichen Route Eisenbahntrassen von Kunming in China über Hanoi und Ho-Chi-Minh-City bis letztendlich Singapur vor.

Vom Ausbau der Nord-Süd-Bahnstrecke zwischen Hanoi und Ho-Chi-Minh-City würde Vietnam enorm profitieren, würde dieser doch zu einer besseren Verbindung der beiden wirtschaftlichen Zentren des Landes und Verringerung der bislang im Durchschnitt sehr hohen Logistikkosten führen. Das verbesserte logistische Umfeld käme sämtlichen Branchen zugute. Der von chinesischer Seite ins Spiel gebrachte Ausbau des nordvietnamesischen Grenzübergangs zu China, Lao Cai, sowie einer Bahntrasse von Lao Cai über Hanoi und weiter bis zum Seehafen Haiphong wiederum würde den vietnamesisch-chinesischen Grenzhandel beflügeln.

Offiziell bekräftigen vietnamesische und chinesische Regierung, gemeinsam an der ‚Belt and Road Initiative' zu arbeiten. Hinter den Kulissen aber sieht es anders aus. Das Verhältnis der beiden Länder ist schwierig, das historische Misstrauen Vietnams gegenüber dem übermächtigen Nachbarn im Norden sitzt tief. Die Spannungen im südchinesischen Meer tragen nicht dazu bei, die Partner anzunähern und die vietnamesische Führung reagiert ausgesprochen zurückhaltend auf chinesische Planungen und Finanzierungsangebote.

Das Thema wird entsprechend von den lokalen Zeitungen und Nachrichtensendungen wenig aufgegriffen und wenn, dann relativ kritisch, ganz im Gegensatz zu chinesischen Staatsmedien. So ist es wenig verwunderlich, dass konkrete Infrastrukturprojekte unter dem Seidenstraßenbanner bislang noch nicht vereinbart wurden."

Frauke Schmitz-Bauerdick: Vietnam zurückhaltend gegenüber maritimer Seidenstraße. (30.10.2017) Unter: www.gtai.de (Zugriff: 27.02.2020)

8

---

3 Stellen Sie die Intentionen dar, die einerseits China, andererseits aber auch seine südostasiatischen Partner bei der „Neuen Seidenstraße" haben.

4 „Alle Projekte zeigen, dass es sich um eine Win-win-Situation handelt."
Nehmen Sie Stellung zu dieser Einschätzung für Südostasien.

5 Erarbeiten Sie weitere Informationen zu „Seidenstraßen"-Projekten in Südostasien (Internet). Präsentieren Sie diese Ihrem Kurs.

5.4 Aktiv- und Passivräume Südostasiens

TERRA METHODE

Vietnam ist ein Land in einer Zeit gesellschaftlichen und wirtschaftlichen Umbruchs. Es sucht ausländische Investoren, die helfen, das Land voranzubringen und stärker in die Weltwirtschaft einzubinden. Ein ausländischer Investor wird, bevor er investiert, analysieren, welche Erwartungen er an Investitionen im Land richten kann.

Themengeleitete Raumanalyse

Vietnam: Investitionspotenzial analysieren

In geographischen Räumen fügen sich viele Geofaktoren zu einem Gesamtbild zusammen. Ziel einer Raumanalyse ist es, diese Faktoren in ihren Verflechtungen aufzuzeigen, um so die Charakteristika eines Raumes zu erkennen.

Ablauf einer themengeleiteten Raumanalyse

1. Schritt: Auswahl des Raumes und Festlegung des Themas

Grundsätzlich sind alle Räume geeignet, die mittelbar, d. h. mithilfe von Monografien, Karten, Statistiken etc., untersucht werden können. Zur Abgrenzung des Untersuchungsraumes können naturräumliche oder administrative Kriterien herangezogen werden. Die Komplexität der geographischen Räume erfordert in der Schule in der Regel eine Reduzierung auf einen „thematischen Raumausschnitt", d. h., die Raumanalyse erfolgt unter einer Fragestellung, die in einer Leitfrage formuliert wird. Damit wird die Zielsetzung der „themengeleiteten Raumanalyse" festgelegt.

2. Schritt: Erstellen eines Arbeitsplanes

Die Leitfrage wird schließlich in Teilfragen zerlegt. Zu den Vorüberlegungen gehört die Wahl der geographischen Arbeitsmittel und -methoden, mit denen der Raum untersucht werden soll.

3. Schritt: Analyse der Geofaktoren

Bei der Analyse werden zuerst einzelne Faktoren getrennt untersucht, dann die Wechselwirkungen zwischen den Faktoren herausgearbeitet.

4. Schritt: Synthese der Arbeitsergebnisse

Eine abschließende Synthese fasst das Beziehungsgefüge der Geofaktoren zusammen und charakterisiert den Raum mit Blick auf die dominanten Faktoren.

5. Schritt: Darstellung der Arbeitsergebnisse

Ergebnisse und Auswahl der angewandten Methoden und Arbeitsmittel werden überprüft und inhaltliche Lücken aufgedeckt. Die Ergebnisse wer-

1 Vietnam

SWOT-Analyse ist eine Methode zur Bewertung eines Raumes. Dabei stehen die Buchstaben **SWOT** für **S**trengths, (Gefahren), **W**eaknesses (Schwächen), **O**pportunities (Chancen) und **T**hreats (Risiken).

Strengths (Stärken)	Weaknesses (Schwächen)
– niedrige Lohnkosten – ...	– bürokratische Verwaltung – ...
Opportunities (Chancen)	**Threats (Risiken)**
– geplante Ausweitung der Wertschöpfungskette – ...	– Abwanderung in noch billigere Länder – ...

2 Beispiel einer SWOT-Analyse zur Industrie Vietnams

Ihre Aufgabe ist es, mit den gegebenen Materialien im Rahmen einer themengeleiteten Raumanalyse eine SWOT-Analyse durchzuführen, in der Sie sich in die Lage eines Investors versetzen.

Es ist ratsam, folgende Fragen zu stellen: Ist eine Investition in Vietnam sinnvoll? Wenn ja, welcher Wirtschaftsbereich (Industrie oder Tourismus) bietet die besten Aussichten?

den z. B. als Referat, Präsentation, Ausstellung oder Facharbeit gezeigt.

Materialien: Grundlegende Informationen

Öffnung für sozialistische Marktwirtschaft – Doi-Moi

Das von den fatalen Folgen eines über 30 Jahre andauernden Krieges gezeichnete Land erlebt seit 1986 einen rasanten wirtschaftlichen Aufschwung, der als „vietnamesisches Wirtschaftswunder" große Beachtung findet. Wirtschaftsanalysten zählen Vietnam deshalb schon zu den „Next eleven", das sind elf Staaten, denen in absehbarer Zeit ein ähnlicher Aufschwung prognostiziert wird, wie er in den BRIC-Staaten (Brasilien, Russland, Indien, China) bereits stattgefunden hat.

Nachdem 1975 die kommunistische Regierung die Macht über das vereinigte Vietnam gewonnen hatte, stand die Wirtschaftspolitik zunächst ganz im Zeichen staatlich gelenkter kommunistischer Planwirtschaft. Boden und Produktionsmittel waren im alleinigen Besitz des Staates. Vor allem die fehlenden Möglichkeiten für private und Ausländische Direktinvestitionen behinderten die wirtschaftliche Entwicklung. Exportieren konnte das Land im Wesentlichen nur landwirtschaftliche Produkte und Rohstoffe.

Wegen des ausbleibenden Erfolges änderte das Land 1986 seine Wirtschaftspolitik. Es leitete einen Wandel hin zu einer „sozialistischen Marktwirtschaft" ein. Ziel war es, durch Investitionsanreize ausländisches Kapital und Know-how ins Land zu holen. Der Beitritt zum Welthandelsabkommen Anfang des Jahres 1987 öffnete den Zugang zu den internationalen Märkten.

Vietnam ist bestrebt, ausländische Investoren ins Land zu holen, damit es schneller den Anschluss an die wirtschaftliche Dynamik anderer Länder in der Region (Thailand, Malaysia, Singapur) erhält.

Ob die natürlichen und wirtschaftlichen Voraussetzungen für ausländische Investitionen attraktiv genug sind, muss sich noch zeigen.

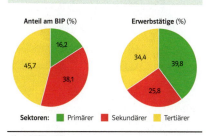

Wirtschaft Vietnams nach Sektoren

Nach WKO 2019

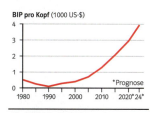

Bruttoinlandsprodukt (BIP) pro Kopf Vietnam

Nach Weltbank 2016

Wichtigste Importgüter (Anteil am Gesamtimport 2018): 16 % chemische Erzeugnisse, 11 % Maschinen, 11 % Erdöl, 11 % Elektronik, 5 % Nahrungsmittel
Wichtigste Exportgüter (Anteil am Gesamtexport 2018): 15 % Nahrungsmittel, 13 % Textilien und Bekleidung, 7 % Elektronik, 7 % Erdöl, 6 % Rohstoffe
wko.at/statistik/laenderprofile/lp-vietnam.pdf
(Zugriff: 28.02.2020)

Landesflagge

Investitionsklima

„Gute wirtschaftliche Aussichten, ein stabiles politisches System sowie eine junge, bildungshungrige und konsumfreudige Bevölkerung machen Vietnam zu einem geschätzten Ziel für ausländische Investoren. Geringe Lohnkosten und Freihandelsabkommen steigern das Interesse insbesondere der exportorientierten verarbeitenden Industrie an einem Engagement vor Ort. …

Die in Vietnam tätigen Unternehmen sind in den meisten Fällen von den Geschäftsbedingungen angetan. Laut einer Befragung der deutschen Auslandshandelskammer in Vietnam sagten 2017 annähernd 70 Prozent der befragten deutschen Firmen, dass sie mit dem Geschäftsverlauf zufrieden seien. Drei Viertel erwarteten, dass sich 2018 die Geschäfte noch verbessern würden. Entsprechend wollen 57 Prozent der Befragten ihre Investitionen im Land aufstocken. So plant beispielsweise der Medizintechnikhersteller Braun für die nächsten Jahre einen Ausbau seiner Kapazitäten.

Dennoch gibt es Probleme. Fachkräftemangel und ein wenig transparentes regulatives Umfeld können den Unternehmensbetrieb erschweren. Für die vietnamesische Regierung allerdings ist es höchste Priorität, die Attraktivität des Standorts für Investoren zu erhöhen. Bürokratieabbau und eine stärkere Digitalisierung von Genehmigungs- und Zollverfahren sowie behördlicher Dienstleistungen sollen Verfahrensabläufe beschleunigen und dazu beitragen, ein effizienteres Geschäftsumfeld zu schaffen."

Investitionsklima und -risiken – Vietnam. (07.02.2018). Unter: www.gtai.de
(Zugriff: 28.02.2020)

TERRA METHODE

Materialien: Industrie

8 Bekleidungsnäherei in Vietnam

Wertschöpfungskette verschiebt sich von China nach Vietnam

„Unternehmen mit Produktionsstätten in China erwägen auf der Suche nach alternativen Produktionszielen vermehrt Vietnam. Sich erfolgreich durch Asiens geopolitische Landschaft zu bewegen, ist für die meisten ausländischen Unternehmen sehr schwierig. Dies gilt insbesondere, wenn sie die Verlagerung ihrer Geschäftstätigkeiten aus China in Betracht ziehen müssen. …
Der Textil- und der Bekleidungssektor sind zwei der wichtigsten Exportbereiche Vietnams. So ist Vietnam zum Beispiel nach China der zweitgrößte Textil- und Bekleidungslieferant Südkoreas. Branchenbeobachter erwarten sogar, dass Vietnam bald Platz 1 annehmen wird.
In den letzten Jahren haben multinationale Einzelhandelskonzerne, wie Nike und Adidas, ihre Produktionsstätten in Vietnam aufgrund der niedrigeren Lohnkosten ausgeweitet. Nike begann bereits 2009 größere Produktionslinien anstatt nach China nach Vietnam zu verlegen. Adidas folgte dem Beispiel 2012.
Als die Löhne in China auf etwa 400 US-$ pro Monat stiegen, haben beide Schuhhersteller ihre Produktion nach Vietnam verlegt. Der aktuelle durchschnittliche Monatslohn eines Arbeiters in Vietnam beträgt 216 US-$. Mit einer Wachstumsrate des monatlichen Durchschnittseinkommens von 7,9 Prozent müssen Produzenten in der absehbaren Zukunft ihre Produktion jedoch wohl weiter verlagern."

Kyssha Mah: Wertschöpfungskette verschiebt sich von China nach Vietnam. (13.2.2019) Unter: www.vietnam-briefing.com (Zugriff: 28.02.2020)

9

Mangelnde eigene Wertschöpfung wird zum Problem

„Der Großteil der vietnamesischen lokalen und ausländisch investierten Bekleidungsindustrie arbeitet technologisch und know-how-bezogen noch auf einem verhältnismäßig niedrigen Niveau und beschränkt sich weitestgehend auf Auftragsnäharbeiten. Sowohl in den Vorstufen (Herstellung/Einkauf von Garnen, Stoffen und Accessoires oder Design von Bekleidung) als auch bei Marketing und Vertrieb fertiger Produkte können die Branchenunternehmen des Landes international noch wenig mithalten. Doch sind Kompetenzen in der Garn- und Stoffherstellung dringend erforderlich, will Vietnam bei Bekleidungsexporten von den Zollpräferenzen moderner Handelsabkommen profitieren. So fordern sowohl das seit Januar 2019 Anwendung findende Comprehensive and Progressive Agreement for Trans-Pacific Partnership (CPTPP) als auch das voraussichtlich 2020 in Kraft tretende EU-Vietnam Free Trade Agreement eine vertiefte Wertschöpfung bei der Bekleidungsherstellung. Insbesondere die Eigenproduktion von Garnen und Stoffen muss ausgebaut werden, sollen Produkte ‚Made in Vietnam' von Zollabsenkungen profitieren können."

Frauke Schmitz-Bauerdick: Vietnams Bekleidungsindustrie muss sich modernisieren, 14.08.2017. Unter: www.gtai.de (Zugriff: 28.02.2020)

10

Hemmnisse für deutsche Unternehmen

„Doch bei aller Aufbruchstimmung müssen die deutschen Unternehmen auch mit vielen Widrigkeiten umgehen. Die Verwaltung gilt noch als intransparenter als in China. Noch immer spielt der Staat zudem eine große Rolle: An jeder Ecke Hanois wird der Fünfjahresplan 2015 – 2020 auf Transparenten gefeiert. Immerhin liefert er Unternehmen auch Orientierungshilfe, in welchen Bereichen künftig mit besonders starkem Wachstum zu rechnen ist."

Vietnam. In Handelsblatt. 24.10.2015. Unter: www.handelsblatt.com (Zugriff: 28.02.2020)

11

Günstiges Investitionsklima

„Allein in den vergangenen drei Jahren haben eine wachsende Anzahl von Unternehmen ihre Geschäftstätigkeiten von China nach Vietnam verlagert, um so den steigenden Kosten und dem immer komplexeren Regelungsrahmen zu entkommen. Ansässig in einer – für ausländische Unternehmen mit Tätigkeiten in Südostasien – äußerst strategischen Position, ist Vietnam die ideale Exportdrehscheibe um andere Märkte in ASEAN zu erreichen. Verglichen mit anderen Schwellenländern der Region, sticht Vietnam als klarer Vorreiter für Produktion und Beschaffung mit niedrigen Kosten heraus. Der Produktionssektor des Landes macht 25% des gesamten GDP aus. Momentan liegen die Arbeitslöhne bei 50% des chinesischen Niveaus und rund 40% des thailändischen bzw. philippinischen. Mit einer um jährlich 1,5 Mio. wachsenden Arbeitskraft sind die vietnamesischen Arbeitnehmer günstig, jung und zunehmend hochqualifiziert."

Vietnam Briefing: Eine Einführung in Vietnams Import & Export Industrien. (26.03.2015) Unter: www.vietnam-briefing.com (Zugriff: 28.02.2020)

 12

Zuzug von IT aus China

„Hanoi. Angesichts des Handelsstreits zwischen China und den USA erwägt der Elektronikteile-Hersteller Foxconn eine Verlagerung seiner Produktion nach Vietnam. Das … Online-Portal Vnexpress berichtete …, dass Foxconn ein Werk mit etwa 3 000 Arbeitsplätzen in der Nähe von Halong City bauen will, Apple lässt bereits iPhone-Teile in Vietnam produzieren, unter anderem für die Kamera und Komponenten des Touchscreens. Der südkoreanische Konkurrent Samsung lässt Smartphones in Vietnam zusammenbauen."

Foxconn will angeblich Produktion nach Vietnam verlagern. In: Handelsblatt, 24.06.2019. Unter: www.handelsblatt.com (Zugriff: 28.02.2020)

 13

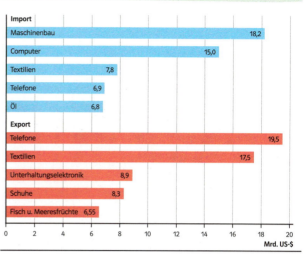

Import und Export in Vietnam

Nach Vietnam-Briefing

 15

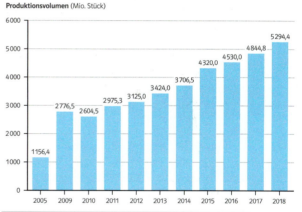

Produktionsmenge von Bekleidung in Vietnam 2005–2018

Nach Statista 2020

 16

Umstellung auf Industrie 4.0 schürt die Nachfrage nach Maschinen und Sensoren

„Eine Umstellung der Produktion auf Industrie 4.0 wird, so sie in den lokalen Betrieben Fuß fasst, eine Vielzahl von Geschäftschancen für ausländische Anbieter eröffnen. Nicht nur im Bereich Beratung werden nach Auskunft des CIEM ausländische Branchenexperten gefragt sein.
Eine passende IT-Soft- und Hardware sowie Sensoren sind Grundvoraussetzungen der Vernetzung einer Produktion. Gerade im Bereich Sensoren aber ist das Land auf Zulieferungen aus dem Ausland angewiesen. Sollte in neue, Industrie-4.0-fähige Maschinen und Anlagen investiert werden, so werden vietnamesische Käufer mangels inländischer Produktion auch hier auf ausländische Produkte zurückgreifen müssen."

Frauke Schmitz-Bauerdick: Vietnam treibt die Vernetzung der Produktion voran. (24.06.2019) Unter: www.gtai.de (Zugriff: 28.02.2020)

Industrie 4.0 ist die Bezeichnung für ein Zukunftsprojekt zur umfassenden Digitalisierung der industriellen Produktion, um sie für die Zukunft besser zu rüsten.

 14

TERRA METHODE

Aktiv- und Passivräume Südostasiens

Materialien: Tourismus

17 Tourismus in Vietnam

Tourismus aktuell

„Die vietnamesische Tourismusindustrie ist zunehmend zu einem wichtigen Motor des Wirtschaftswachstums des Landes geworden. Der Tourismus trug 2018 sechs Prozent zum vietnamesischen BIP bei. Das Land erhielt im vergangenen Jahr 26,75 Milliarden US-$ Umsatz aus der Industrie, 4,75 Milliarden US-$ mehr als im Vorjahr. Die vietnamesische Regierung will die Einnahmen aus der Tourismusindustrie bis 2025 auf 45 Milliarden US-$ steigern und den Beitrag des Sektors zum BIP auf über 10 Prozent steigern.
Im Jahr 2018 besuchten über 15 Millionen Menschen Vietnam. Im Vergleich zu zwei Jahrzehnten zuvor ist das eine Verzehnfachung. Rund 80 Prozent der ausländischen Touristen kommen aus den asiatischen Nachbarländern. Die Zahl der inländischen Besucher im vergangenen Jahr wird auf rund 80 Millionen geschätzt. Laut der Vietnam National Administration of Tourism (VNAT) geben ausländische Besucher durchschnittlich 900 US-$ für eine Reise nach Vietnam aus. Das entspricht einem vietnamesischen Einkommen von etwa fünf Monaten. Ho Chi Minh City ist mit 36,5 Millionen Besuchern das führende Reiseziel, gefolgt von Hanoi, der Provinz Quang Ninh, bekannt für das Weltkulturerbe Ha Long Bay, und Da Nang.
Um ihre Tourismusindustrie weiter zu entwickeln, hat die vietnamesische Regierung 1,32 Milliarden US-$ für die Entwicklung der Infrastruktur an wichtigen Reisezielen bereitgestellt. Die Regierung gibt dazu 12,9 Millionen US-$ für Werbeaktivitäten und Bebauungspläne für die Tourismusbranche aus."

Shintya Felicitas: Vietnams Tourismusindustrie boomt und konkurriert mit den Nachbarn. (20.03.2019) Unter: www.asiafundmanagers.com (Zugriff: 28.02.2020)

19

Touristisches Potenzial

„Vietnam ist ein Land auf dem Sprung. Es hat sich nur noch nicht entschieden, wohin es springen will. In Richtung Thailand, das sich ganz dem Tourismus verschrieben hat, vom Backpacker über den Sextouristen bis zum Luxusreisenden? Oder in Richtung Birma, das nach der Öffnung ebenfalls boomt, jedoch eher auf sanften Tourismus setzt? Vietnam liegt irgendwo dazwischen. Die Dynamik lässt sich an vielen Orten erfahren. In Hanoi natürlich, aber auch in der einzigartigen Ha-Long-Bucht, in Da Nang, dem Vergnügungsort der Einheimischen, in dem überlaufenen, gleichwohl hinreißenden Örtchen Hoi An, in der Kaiserstadt Hue, in der längst der kommunistische Kapitalismus regiert, und natürlich in den neuen Luxusresorts an der Küste. … Das Leben pulsiert hier … überall dort, wo man mit Selfie-Stick posieren kann. … Nach Da Nang kommen Besucher auch wegen des Meeres. Noch ist der Großteil der Strände nördlich und südlich der Stadt unbebaut. 48 Kilometer Küste wurden aber inzwischen an Hotelinvestoren verkauft. Und weil Vietnamesen auf Ruhe nicht allzu viel Wert legen, wurde auch gleich die Bauordnung geändert: Neue Hotels dürfen nun Dutzende Stockwerke in die Höhe wachsen."

Thomas Vitzthum: Eine Reise ins alte Vietnam – bevor es zu spät ist. (02.07.2018) Unter: www.welt.de (Zugriff: 28.02.2020)

18

Investoren

„Ein Bericht der Investmentgesellschaft CBRE Group zeigte, dass die Nachfrage ausländischer Investoren in Vietnam hauptsächlich von asiatischen Gruppen, insbesondere aus Japan, Südkorea, Hongkong und Singapur, angeführt wurde. Die Anleger werden durch vergleichsweise höhere Renditen am Markt angezogen. Der Schwerpunkt liegt auf mittelständischen Unternehmen und Hotels in Ho Chi Minh City und Hanoi. Aber auch Da Nang und Phu Quoc bekommen mehr Aufmerksamkeit."

Shintya Felicitas: Vietnams Tourismusindustrie boomt und konkurriert mit den Nachbarn. (20.03.2019)
Unter: www.asiafundmanagers.com
(Zugriff: 28.02.2020)

23 Ha Nan – Overtourism?

Woher die Gäste kommen

„Die meisten Gäste kommen aus dem asiatischen Raum. Vor allem China, Korea und Japan sorgen für hohe Besucherzahlen. Alleine über 405 000 Chinesen begaben sich im vergangenen Jahr auf eine Reise durch Vietnam. Ausserdem ist bemerkbar, dass seit 2016 die Gästezahl aus europäischen Ländern enorm zugenommen hat. Dies könnte darauf zurückgeführt werden, dass seit 2015 neue Visa-Bestimmungen für Frankreich, Deutschland, Grossbritannien, Spanien und Italien gelten. Touristen aus diesen Ländern dürfen sich bis zu 15 Tagen ohne Visum in Vietnam aufhalten."

NAB: Vietnam behauptet sich in der Tourismuswelt (18.01.2019)
Unter: www.travelnews.ch (Zugriff: 28.02.2020)

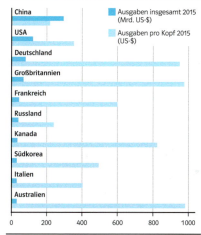

Nach Welt-Sichten, UNWTO 2016

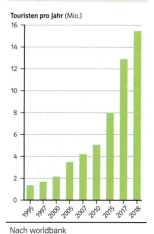

Nach worldbank

Tourismus für Wohlhabende

„Die vietnamesische Regierung setzt in ihrem Zehn-Jahres-Plan zur touristischen Entwicklung vor allem auf Luxusreisen. Grund dafür ist, dass 100 Pauschalurlauber dem Land wirtschaftlich weniger bringen als zehn Luxus-Urlauber. Darüber hinaus würden die Ressourcen von Vietnam durch weniger Touristen geschont.
Der Anfang für diesen Plan ist gemacht: Das Six Senses auf der Insel Con Son, einst eine Gefängnisinsel, spricht vor allem gut betuchte Gäste an. Pro Nacht müssen Urlauber mit Kosten von 800 Euro rechnen, dafür erhalten sie aber auch einiges geboten. So gibt es ein 150 Quadratmeter großes Appartement. Das ist ausgestattet mit einem eigenen Pool, einem riesigen Badesalon, einer italienischen Kaffeemaschine, einem Himmelbett und einem Flachbildschirm. Errichtet ist es aus den feinsten einheimischen Hölzern.
Hinzu kommt, dass die Betreiber des Six Senses, das schwedische Topmodel Eva Malmström Shivdasani und ihr Mann Sanu, auf Ökologie setzen. So errechnen sie jedes Jahr, wie hoch der CO_2-Ausstoß ihrer Hotels sowie der An- und Abreise ihrer Gäste ist. Um diesen auszugleichen, unterstützen sie ein Projekt, das Kohlekraftwerke durch Windkraftwerke ersetzt und in Südindien zu Hause ist."

Vietnam setzt auf Luxus-Tourismus.
(20.03.2019) Unter: www.asien.org
(Zugriff: 28.02.2020)

6 Metropolisierung als Folge weltwirtschaftlicher Verflechtungen

Die Wirtschaft Indonesiens boomt seit Jahren. Der größte muslimische Staat ist in kurzer Zeit vom Entwicklungs- zum Schwellenland aufgestiegen. Und diese Dynamik ist vor allem in seiner Hauptstadt Jakarta zu spüren. Die Metropolregion ist mit ihren über 34 Millionen Einwohnern zum zweitgrößten Ballungsraum der Welt (nach Tokio) angewachsen. Sie ist das politische, wirtschaftliche und kulturelle Zentrum des Landes, auf das alle Verkehrssysteme ausgerichtet sind. Eine derartige Herausbildung von dominierenden Metropolen ist vor allem in Entwicklungs- und Schwellenländern ein wesentliches Kennzeichen des Verstädterungsprozesses.

Aber in diesen Megastädten wächst auch die Kluft zwischen Arm und Reich. Zwischen den Hochhäusern herrscht Hunger, breiten sich die Marginalsiedlungen der Unterschicht aus. Das gilt insbesondere für die Metropolen Südostasiens. Der Ausbau der Infrastruktur kann mit dem dynamischen Wachstum nicht Schritt halten. Die Folgen zeigen sich in Umweltbelastungen wie Smog und Gewässerverschmutzung, aber auch im täglichen Verkehrsinfarkt und den wachsenden Müllbergen. Unter diesen „Schattenseiten der Metropolisierung" leiden insbesondere die ärmeren Bevölkerungsschichten. Sie sind weitgehend schutzlos gegenüber Gefährdungen und damit in hohem Maße „vulnerabel".

Kompetenzen erwerben
- den Prozess der Verstädterung und Metropolisierung in Südostasien beschreiben;
- den Aufstieg von Metropolen zu Global Citys erläutern;
- Schattenseiten der Metropolisierung darstellen;
- Vulnerabilität ausgewählter Metropolen beurteilen.

1 Metropole Jakarta – Armut zwischen Hochhäusern

6.1 Verstädterung und Metropolisierung in Südostasien

1 Verstädterungsgrad und Megastädte
Nach UNDESA Population Division - World Urbanization Prospects 2018

Die urbane Tradition Südostasiens reicht weit in die Vergangenheit zurück, der eigentliche Verstädterungsprozess beginnt aber erst im 16. Jh. mit der Kolonialisierung. Bis heute ist aber der Verstädterungsgrad der meisten Länder dieses Raumes noch relativ niedrig (Karte 1).

Südostasien ist ein Raum, der vorwiegend durch Einflüsse aus Indien, China und die arabische Welt sowie entsprechend durch den Hinduismus, Buddhismus und Islam geprägt ist. Die städtische Entwicklung setzte zwar bereits vor ca. zwei Jahrtausenden ein, beschränkte sich aber im Wesentlichen auf religiöse Zentren und Herrschaftssitze. Mächtige Tempel- und Palastanlagen sind heutige Zeugnisse dieser vorkolonialen Epoche. Wichtige Handelszentren entstanden in erster Linie an den Küsten als Stützpunkte großer Seehandelsrouten. Zu nennen ist insbesondere die Straße von Malakka, die bis heute nichts von ihrer wirtschaftlichen und strategischen Bedeutung eingebüßt hat.

Vorkolonialer Charakter des Städtesystems in Südostasien

„Im kontinentalen Südostasien lagen die Städte im Binnenland – so etwa die Kultursysteme von Angkor und Bagan. Hinzu traten chinesisch beeinflusste Hauptstädte und Herrschersitze – z. B. Hue/Vietnam … – sowie wichtige Hafen- und Handelsstützpunkte des insularen Südostasien. Die meisten Städte waren vom Leben am und mit dem Wasser geprägt: Die Grundrisse alter Stadtanlagen wiesen oft ringförmige Wassergräben auf, von denen ein weitverzweigtes Netz von natürlichen und gegrabenen Kanälen in die urban-ländliche Umgebung reichte. Die auf Stelzen stehenden Häuser lagen bandartig am Fluss oder Kanal, welche die Hauptarterien des Transports von Gütern und Personen sowie zentrale Orte der gesellschaftlichen Kommunikation darstellten. Auch ökonomischer Austausch, das soziale Leben, Riten und Feste richteten sich nach dem Wasser."

Heinz Heineberg: Stadtgeographie. UTB 2166. Paderborn: Schöningh, 5. Auflage 2017, S. 351 – 352

2

6.1 Metropolisierung als Folge weltwirtschaftlicher Verflechtungen

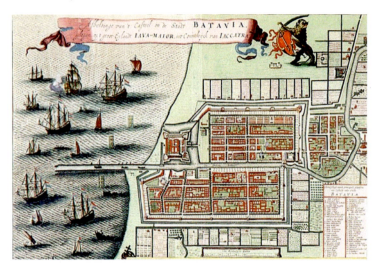

3 Batavia um 1740 – das frühere Jayakarta und heutige Jakarta
Im 17. Jh. umgestaltet durch die Niederländische Ostindien-Kompanie, einem der ersten Global Player

5 Erbe der niederländischen Kolonialzeit: Brücke und Kanal in Jakarta

Kolonialzeitliche Stadtentwicklung

Die meisten der alten Tempel- und Palastanlagen in Südostasien sind verfallen. Bei den traditionellen Haupt- und Königsstädten ist kaum eine Siedlungskontinuität zu beobachten. Mit ihrer beeindruckenden Architektur und ihren prachtvollen religiösen Bauten tragen sie aber in bedeutendem Maße zur heutigen Attraktivität dieses Raumes für den Tourismus bei.

Mit der Kolonialisierung und damit ersten Einbindung in weltwirtschaftliche Verflechtungen änderte sich das Städtesystem Südostasiens grundlegend. Der Raum lockte mit einem unermesslichen Reichtum an Gewürzen, einem wichtigen Handelsprodukt der frühen **Kolonialzeit**. Damit war er für alle europäischen Kolonialmächte von hohem Interesse. Sie gründeten zahlreiche Handelsstützpunkte, aus denen sich rasch urbane Zentren entwickelten. Die meisten der heutigen **Metropolen** blicken auf eine koloniale Vergangenheit zurück. Die Gründung der Städte oder die Überformung bestehender Siedlungen orientierte sich an den städtebaulichen Vorstellungen der jeweiligen Kolonialherren.

Umbau des Städtesystems

„Während der Kolonialzeit – von 1511 n. Chr., der Begründung des portugiesischen Forts von Malakka, bis nach dem Zweiten Weltkrieg – standen die Städte Südostasiens mit Ausnahme Thailands unter unterschiedlicher Fremdherrschaft, wodurch sehr unterschiedliche Entwicklungspfade eingeschlagen wurden. … In Kambodscha und Vietnam [z. B.] wurden die Metropolen Hanoi, Saigon und Phnom Penh mit repräsentativen Innenstädten und breiten Boulevards ausgestaltet, in Singapur, Malaysia und Myanmar wurden hafenbasierte neue Städte gebaut, um die Kolonien über funktional gut ausgestattete Häfen an das ‚Mutterland' anzubinden.

Die neuen Stadtgründungen bzw. massiven Überprägungen vormaliger Siedlungen wurden mit allen seinerzeit üblichen urbanen Standards ausgestattet: Infrastrukturen (befestigte Straßen, Eisen- und Straßenbahn), Verwaltungen (Repräsentationsbauten mit … Ämtern), Gesundheitswesen (Krankenhäuser und -stationen), Sozial- und Bildungseinrichtungen (Schulen, Universitäten, Museen, Waisenhäuser, Altenheime) sowie Freizeiteinrichtungen (Theater, Sportanlagen, Clubs), die je nach Herrschaft allein den Kolonialherren oder auch den Einheimischen offenstanden."

Heinz Heineberg: Stadtgeographie. Paderborn: Schöning, 5. Auflage 2017, S. 351–352

4

6 Jakarta – globalisierte Architektur

Staaten Südostasiens: Bevölkerung und Verstädterung 2018/2019

Land	Bevölkerung 2020 (Mio., geschätzt)	Verstädterungsrate 2015–2020 (%, geschätzt)	Verstädterungsgrad 2019 (%)
Brunei	0,4	1,66	78
Indonesien	267,0	2,27	56
Kambodscha	16,9	3,25	24
Laos	7,4	3,28	36
Malaysia	32,7	2,13	77
Myanmar	56,6	1,74	31
Timor-Leste	1,4	3,76	31
Philippinen	109,2	1,99	47
Singapur	6,2	1,39	100
Thailand	69,0	1,73	51
Vietnam	98,7	2,98	37

Nach CIA Factbook 2020 und DSW-Datenreport 2018

7

Verstädterungsgrad
Misst den Anteil der Stadtbevölkerung an der Gesamtbevölkerung eines Gebietes, einer Region oder eines Staates.

Verstädterungsrate
Drückt den Zuwachs der städtischen Bevölkerung bzw. des Verstädterungsgrades in einem bestimmten Zeitraum (meist in einem Jahr oder einem Jahrzehnt) aus.

Urbanisierung im Rahmen der Globalisierung

In der nachkolonialen Zeit beschleunigten das hohe **Bevölkerungswachstum**, die zunehmende Industrialisierung in den urbanen Zentren und die dadurch ausgelöste Landflucht den Verstädterungsprozess. Der erhielt einen weiteren Impuls durch die Einbeziehung Südostasiens in die **Globalisierung**. Auf ihrer Grundlage erlebten die meisten Staaten dieses Raumes ab Mitte der 1980er-Jahre einen Wirtschaftsboom.

Das führte zu einer massiven Überformung der Städte und des Städtesystems. Die bereits bestehenden urbanen Räume expandierten in das agrarische Umland, Dörfer entwickelten sich in kürzester Zeit zu Klein- oder Mittelstädten und oft innerhalb eines Jahrzehnts zu Großstädten. Mit dem Aufbau einer globalisierten Architektur, mit Büro- und Wohnhochhäusern, Shopping Malls und Freizeitparks, Autobahn- und ÖPNV-Netzen veränderten sie ihr Aussehen und ihre Struktur.

Folgen des Booms
„Angesichts schwacher administrativer Ordnungsstrukturen sowie geringer Kontrollkompetenz, fehlender Raum- und Flächennutzungsplanung ... entstanden vor allem im sog. urban fringe [Stadtrand] und im Stadtumland weitgehend unkontrollierte, heterogene Flächennutzungsmosaike mit direktem Nebeneinander verschiedener Nutzungsarten. Die Konsequenzen des Wirtschaftsbooms waren ein enormer innerstädtischer Strukturwandel und weitflächige räumliche Expansion, denen die vorhandene Verkehrs-, Versorgungs- und Entsorgungsinfrastruktur trotz einer Vielzahl neuer großer Infrastrukturprojekte nicht gewachsen ist. Schwerwiegende Überlastungserscheinungen (Verkehrsstaus, Luft-, Wasser- und Bodenverschmutzung), Ver- und Entsorgungsprobleme, Defizite in der Notfall- und Katastrophenvorsorge, Verdrängungsprozesse am Boden-, Wohnungs- und Kapitalmarkt sowie steigende Anteile von Bevölkerung in Marginalsiedlungen waren die Folge."

Heinz Heineberg: a. a. O., S. 355–356

 8

---

1 Nennen Sie wesentliche Merkmale des vorkolonialen Städtesystems in Südostasien.

2 Charakterisieren Sie den Stand des Verstädterungsprozesses in Südostasien (Karte 1, S. 65 und Tablle 7).

3 Stellen Sie am Beispiel von Batavia/Jakarta (Bilder 3 und 5) wesentliche koloniale Einflüsse auf die Stadtentwicklung in Südostasien dar.

4 Erläutern Sie Dimensionen und Folgen der Urbanisierung seit den 1980er-Jahren.

5 „Südostasien ist eine Region mit starker Verstädterungsdynamik".
Überprüfen Sie diese Aussage.

6.1 Metropolisierung als Folge weltwirtschaftlicher Verflechtungen

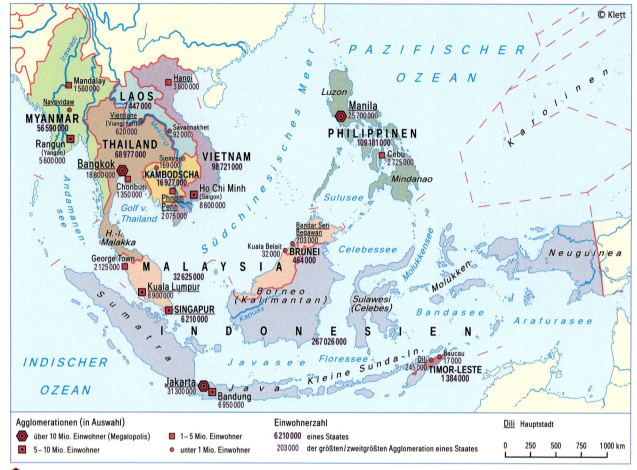

9 Städtesystem in Südostasien
Nach CIA World Factbook 2020 und den statistischen Ämtern der Staaten

Metropole
Hauptstadt eines Landes oder Millionenstadt mit im nationalen Maßstab herausragenden politischen, wirtschaftlichen, kulturellen und gesellschaftlichen Funktionen

Megastadt
Metropole mit mindestens 10 Mio. Einwohnern und hoher Bevölkerungsdichte (im Unterschied zu einer polyzentrischen Agglomeration oder Megalopolis, die aus mehreren Städten besteht)

Metropolisierung und Megapolisierung

Wie in allen anderen Kontinenten ist auch der Verstädterungsprozess in Südostasien durch die Herausbildung sogenannter **Megastädte** gekennzeichnet. Diese „Megapolisierung" oder „Metropolisierung" ist ein relativ junges Phänomen im Rahmen der weltweiten Urbanisierung. Setzt man als Schwellenwert für Megastädte eine Einwohnerzahl von mindestens 10 Mio. an, so weist die Statistik aus, dass bis zum Jahr 1930 mit New York erst eine Stadt der Welt diesen Wert erreichte. Vierzig Jahre später war Tokyo hinzugekommen. In den letzten vier Jahrzehnten hat sich ihre Zahl aber rasant auf 38 erhöht. Regionaler Schwerpunkt der Megapolisierung ist heute Ost- und Südasien. Hier konzentrieren sich die Megastädte vor allem auf die Staaten Indien, Pakistan, Bangladesch und China. Aber auch in Südostasien ist der Trend zur Megapolisierung und Metropolisierung zu beobachten. Das gilt vor allem, wenn man die Definition erweitert und auch Großstädte bzw. Megapolen mit mehr als fünf Millionen Einwohnern einbezieht (Karte 9).

Schätzungen gehen davon aus, dass bis in wenigen Jahren in den Entwicklungsländern die Zahl der Megastädte mit über 5 Mio. Einwohnern auf mehr als 600 ansteigen wird. Sie sind zwar die wirtschaftlichen Kernräume, aber auch die sozialen Brennpunkte dieser Länder.

Das bevölkerungsmäßige Übergewicht einer Hauptstadt wird als demografische Primacy bezeichnet. Ihr Indikator ist der prozentuale Anteil dieser **Metropole** an der gesamten Landesbevölkerung. Ein weiterer gebräuchlicher Indikator ist der **Index of Primacy**, der als Quotient zwischen der größten und zweitgrößten Stadt eines Landes definiert ist.

Mit der Bevölkerungszahl allein und ihrem Zuwachs lässt sich die Metropolisierung nur ansatzweise erfassen. Viel wichtiger im Hinblick auf die Perspektiven eines Landes ist die **funktionale Primacy**. Darunter versteht man die hohe Konzentration von politisch-administrativen, wirtschaftlichen, sozialen sowie kulturell-wissenschaftlichen Funktionen und insbesondere auch von Macht- bzw. Entscheidungsträgern in den Metropolen. Dadurch nimmt das Wohlstandsgefälle zu den übrigen Regionen des Landes ständig zu.

11 Central Business District von Kuala Lumpur: Ausdruck der funktionalen Primacy

---

Ursachen der Metropolisierung

„Hauptstädte [bzw. Metropolen] erhalten ihre Wachstumsdynamik aus vielfältigen Gründen:

- Hier konzentrieren sich mit Regierung und Parlament überproportional Arbeitsplätze des öffentlichen Dienstes.
- Private und staatliche Investitionen werden aufgrund vielfältiger Agglomerationsvorteile oder aus Prestigegründen vornehmlich hier getätigt.
- Die Hauptstadt ist besser als andere Städte in das nationale und internationale Kommunikations- und Verkehrssystem eingebunden.
- Hier finden die großen Messen und internationalen Konferenzen statt.
- Hier haben die wichtigsten kulturellen und medizinischen Einrichtungen des Landes ihren Standort (u. a. Universitäten, Hospitäler, Rundfunk- und TV-Sender, Verlage großer Zeitungen, Museen).
- Hier sind die großen Banken, Versicherungskonzerne und Wirtschaftsverbände ansässig.
- Hier arbeiten diplomatische Vertretungen der Staaten und internationalen Organisationen. …
- Aufgrund ihrer Großflughäfen und eigener Attraktivität sind die Hauptstädte auch bedeutende Tourismuszentren. …

Aufgrund dieses Standortmix hochrangiger Einrichtungen kumuliert sich die Standortgunst; die Metropole ist attraktivstes Zentrum für unqualifizierte, v. a. aber für hochqualifizierte Arbeitskräfte und damit für Massenzuwanderung aus dem Lande und aus anderen Städten. Für Industriebetriebe ist der große … Arbeitsmarkt ein bedeutender Standortfaktor; die große und auch … rasant wachsende Bevölkerung mit einem im Vergleich zum Landesdurchschnitt höheren Einkommen bietet einen kaufkräftigen und nahen Markt. In einem kumulativen Prozess werden so die Standortvorteile gegenüber anderen Städten stetig ausgeweitet und so die Wachstumsdynamik angetrieben."

Karl Vorlaufer: Südostasien. Darmstadt: Wissenschaftliche Buchgesellschaft. 3. Auflage, 2018, S. 97

---

6 Beschreiben Sie die Verteilung der Megastädte in Südostasien.

7 Untersuchen Sie, inwieweit die Metropolisierung auch eine Folge weltwirtschaftlicher Verflechtungen ist.

8 Vergleichen Sie für drei ausgewählte Länder Südostasiens die demografische Primacy und den Index of Primacy mit den entsprechenden Werten für Deutschland.

9 Stellen Sie mögliche Folgen für ein Land dar, wenn seine Metropole eine zu starke funktionale Primacy aufweist.

12 Singapur – Internationales Handels-, Wirtschafts- und Finanzzentrum

Aufstieg von Metropolen zu Global Citys

Die **funktionale Primacy** beschreibt die Dominanz einer **Metropole** im nationalen Rahmen. Im Zuge der zunehmenden **Globalisierung** übernehmen einige dieser Zentren inzwischen aber auch Funktionen mit internationaler Reichweite. Eine transnationale Ökonomie, in der die Produktionsprozesse räumlich und sektoral aufgesplittert sind, benötigt derartige Schaltzentralen. Sie werden **„Global Citys"** genannt. In ihnen sind die Managementfunktionen und Geschäftsaktivitäten der großen transnationalen Konzerne lokalisiert. Sie sind die Zentren des weltweiten Waren-, Kapital- und Informationsaustausches.

Mithilfe verschiedener Verfahren wird versucht, die „Globalität" einer Stadt, also deren Einbindung in die weltwirtschaftlichen Verflechtungen, zu messen. Eine der bekanntesten Studien ist der „Global Cities Index". Hierfür werden seit 2008 alle zwei Jahre 130 Großstädte auf allen Kontinenten untersucht. Unter ihnen befinden sich auch sechs Metropolen aus Südostasien. Deren dynamische Entwicklung ist also ein unmittelbares Ergebnis des Globalisierungsprozesses.

Während der „Global Cities Index" (GCI) das aktuelle Erscheinungsbild der Städte misst, ermittelt der „Global Cities Outlook" (GCO) das Potenzial für die künftige Entwicklung. Er stützt sich auf die Faktoren Lebensqualität (z. B. Stabilität und Sicherheit), Ökonomie (z. B. BNE/Kopf, Zufluss von Auslandsinvestitionen), Innovation (z. B. Patente pro Kopf) und Regierungsführung (z. B. Transparenz). Städte, die sowohl im GCI wie auch im GCO auftauchen, gehören zur globalen Elite.

Bestimmung des „Global Cities Index"
Dieser Index ermittelt die Globalität einer Stadt anhand von fünf Kategorien. Hierfür werden verschiedene Daten zu deren wirtschaftlicher, politischer und kultureller Bedeutung erhoben. Die Auswahl und Gewichtung dieser Messgrößen erfolgt zwar nach der subjektiven Einschätzung der Autoren dieses Global Cities Index. Trotzdem lassen sich über die globale Stellung einer Stadt wesentliche Aussagen ableiten. Für folgende Kategorien werden die hier in einer Auswahl vorgestellten Daten erhoben.
1. **Geschäftsaktivität:** Größe des Kapitalmarktes, Anzahl der Hauptquartiere aus der Liste der weltweit 500 umsatzstärksten Firmen, Volumen der in der jeweiligen Stadt gehandelten Güter, Dimension des Luft- und Seefrachtverkehrs
2. **Humankapital:** Qualität der städtischen Universitäten, Anzahl der internationalen Schulen, Prozentanteil der Einwohner mit Universitätsabschluss
3. **Informationsaustausch:** Anzahl internationaler Nachrichtenbüros, Anteil von Nachrichten aus aller Welt in den lokalen Zeitschriften, Zahl der Breitband-Abonnenten
4. **Kulturelle Erfahrung:** Anzahl bedeutender Sportereignisse, Kunstausstellungen und Museen in der Stadt, Attraktivität der kulinarischen Angebote, Umfang und Ausmaß der Partnerstadtbeziehungen
5. **Politisches Engagement:** Anzahl der Botschaften, Konsulate, „Denkfabriken", internationalen Organisationen, politischen Konferenzen

13

---

10 Beschreiben Sie – ausgehend von Foto 12 – Funktionen von Global Citys.

11 Global Cities Index
a) Erläutern Sie die Berechnung der „Globalität" einer Stadt anhand des „Global Cities Index" (Infobox 14).
b) Analysieren Sie die räumliche Verteilung der „Top Twenty Global Cities".

12 Vergleichen Sie die Rangfolge der Städte nach dem „Global Cities Outlook" und dem „Global Cities Index".

Global Cities Ranking 2019 (Laut Global Cities Report 2019)

Global Cities Index Ranking (GCI)				Global Cities Outlook Ranking (GCO)			
2019	2018	▲▼	City	2019	2018	▲▼	City
1	1	–	New York	1	3	▲ +2	London
2	2	–	London	2	5	▲ +3	Singapur
3	3	–	Paris	3	1	▼ –2	San Francisco
4	4	–	Tokio	4	6	▲ +2	Amsterdam
5	5	–	Hongkong	5	4	▼ –1	Paris
6	7	▲ +1	Singapur	6	14	▲ +8	Tokio
7	6	▼ –1	Los Angeles	7	8	▲ +1	Boston
8	8	–	Chicago	8	7	▼ –1	München
9	9	–	Peking	9	33	▲ +24	Dublin
10	11	▲ +1	Washington, D.C.	10	11	▲ +1	Stockholm
11	15	▲ +4	Sidney	11	12	▲ +1	Toronto
12	10	▼ –2	Brüssel	12	16	▲ +4	Genf
13	12	▼ –1	Seoul	13	19	▲ +6	Sydney
14	16	▲ +2	Berlin	14	10	▼ –4	Melbourne
15	13	▼ –2	Madrid	15	13	▼ –2	Zürich
16	17	▲ +1	Melbourne	16	18	▲ +2	Berlin
17	18	▲ +1	Toronto	17	23	▲ +6	Kopenhagen
18	14	▼ –4	Moskau	18	25	▲ +7	Wien
19	19	–	Shanghai	19	17	▼ –2	Vancouver
20	22	▲ +2	Amsterdam	20	50	▲ +30	Abu Dhabi
…				…			
42	43	▲ +1	Bangkok	76	61	▼ –15	Kuala Lumpur
49	49	–	Kuala Lumpur	82	83	▲ +1	Ho Chi Minh City
59	59	–	Jakarta	86	82	▼ –4	Bangkok
65	64	▼ –1	Manila	89	85	▼ –4	Manila
81	80	▼ –1	Ho Chi Minh City	100	114	▲ +14	Jakarta

Nach A.T. Kearney 2019 Global Cities report

Beispiel Singapur: Ein multifunktionales globales Wirtschaftszentrum

„Singapur ist das überragende Wirtschafts- und Finanzzentrum nicht nur für Südostasien, sondern darüber hinaus eine der wichtigsten Steuerungs- und Kontrollzentren der Weltwirtschaft sowie mit seiner Börse und zahlreichen global ausgerichteten Finanzinstitutionen ein Knotenpunkt weltweiter Finanzströme. Die Funktion als Leitungs- und Kontrollzentrum globaler Unternehmensnetzwerke konkretisiert sich an der staatlichen Temasek Holding, die mit zahlreichen Tochtergesellschaften weltweit in verschiedenen Wirtschaftsbereichen engagiert ist, wie u. a. im Luftverkehr (Singapur Airlines), als Hafenbetreiber, in der Werft- und Mineralölwirtschaft oder Petrochemie. …

Ein lukrativer Finanzdienstleistungssektor ist mit schnell wachsender Bedeutung die Verwaltung ausländischer Vermögen. … Die beiden Staatsfonds Temasek und Government of Singapur Investment Corporation (GIC) beteiligen sich zunehmend an den weltgrößten Banken mit Milliardeninvestitionen. … Die in Singapur ansässigen multinationalen Konzerne tätigen riesige Ausländische Direktinvestitionen wie kein anderes Land in Südostasien. … Gleichzeitig wurde der Stadtstaat zunehmend für Ausländische Direktinvestitionen attraktiv. …

Die Leitungs- und Kontrollfunktionen basieren auf der Einbindung Singapurs in ein weltweites Kommunikations- und Transportsystem und auf der Stellung als einer der überragenden Verkehrsknotenpunkte der Erde. … Von … großer Bedeutung für Wirtschaft und Tourismus ist auch der supermoderne Changi Airport, einer der größten Flughäfen der Erde mit [65,6 Mio. Passagieren 2018; Vergleich Frankfurt/M. 69,5 Mio.]. …

Karl Vorlaufer: a. a. O., S. 209 – 211

6.1 Metropolisierung als Folge weltwirtschaftlicher Verflechtungen

Beispiel Singapur

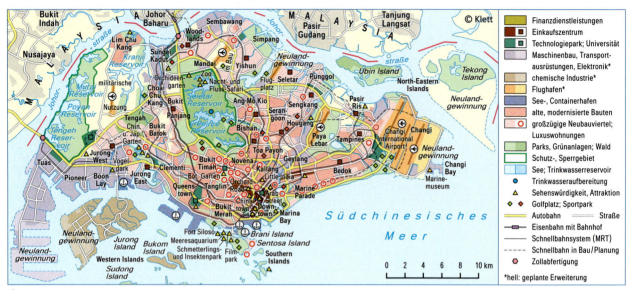

16 Singapur: Stadt- und Wirtschaftsstruktur

Verarbeitendes Gewerbe

Singapurs Industriesektor ist extrem gut und international äußerst konkurrenzfähig aufgestellt. Dabei verfügt der Stadtstaat nur über ein begrenztes Flächenangebot und keinerlei eigene Rohstoffe. Selbst der Wasserbedarf muss zu 40 Prozent aus dem Nachbarland Malaysia gedeckt werden. Das industrielle Profil ist gekennzeichnet durch Hochtechnologien und hohe Wertschöpfung. Im Mittelpunkt der Produktpalette stehen Elektronikerzeugnisse, Präzisions- und Medizintechnik sowie Arzneimittel genauso wie Ölplattformen und Schiffbau. Auf Jurong Island ist ein Chemiecluster mit Weltklasseniveau angesiedelt. Der Stadtstaat will trotz teurer Arbeitskräfte den Sekundären Sektor als eine wichtige Säule seiner Wirtschaft erhalten. Er unterstützt die Abwanderung lohn- und flächenintensiver Industrien in kostengüstigere Länder, fördert dagegen die wissensbasierte Produktion. Beispiele sind Biotechnologie, Luftfahrttechnik und IT-Technologien. Für den gesamten Forschungs- und Entwicklungsbereich stellt die Regierung günstige Rahmenbedingungen zur Verfügung.

17

Dominanz des Dienstleistungssektors

Bereits heute werden 75 Prozent des BIP von Singapur im Tertiären Sektor erwirtschaftet. Hier sind 80 Prozent aller Erwerbstätigen beschäftigt. Und dieser Trend setzt sich fort. Seit den 1990er-Jahren ist es gelungen, bedeutende internationale Unternehmen in den Bereichen Finanzdienstleistungen, Transport und Logistik, Tourismus sowie Groß- und Einzelhandel anzulocken. Einige der genannten Branchen haben ihr regionales Headquarter nach Singapur, in die „Schweiz Asiens", verlagert. Der Stadtstaat fungiert auch als Steueroase. Der Singapur-Dollar ist eine stabile Währung.

Eine wichtige Rolle im Wirtschaftsgefüge des Stadtstaates spielt der Hafen. Er zählt heute zu den wichtigsten Hafenumschlagplätzen der Welt und hat in der gehandelten Tonnage längst Hongkong oder Rotterdam hinter sich gelassen.

Singapur gehört heute zu den am meisten besuchten Städten der Welt. Dazu hat auch beigetragen, dass Singapure Changi Airport heute unter den Top-20 der internationalen Flughäfen rangiert. Zudem wird der Tourismus durch Marketingkampagnen der Regierung gezielt gefördert.

18

Strengths (Stärken)	Weaknesses (Schwächen)
– zentrale Lage in Europa – …	– extrem hohe Verkehrsdichte mit Staugefahr, Verspätungen – …
Opportunities (Chancen)	**Threats (Risiken)**
– weiterer Ausbau des Finanzsektors, vor allem nach dem Brexit – …	– abschreckende Wirkung der hohen Boden- und Mietpreise für Investoren – …

19 Schema für eine SWOT-Analyse

13 Beschreiben Sie anhand der Karte 16 die Stadt- und Wirtschaftsstruktur Singapurs.

14 Begründen Sie mithilfe der Materialien 16, 20 und 23 die Einordnung Singapurs unter den Top-10 des GCI und des GCO.

Ausländische Direktinvestitionen 2018

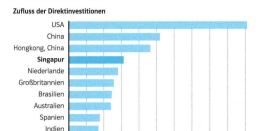

Nach UNCTAD: World Investment Report 2019. Key Messages and Overview.

22 Formel-1-Event in Singapur

Singapur: ausgewählte Strukturdaten 2018

BIP/Einw. KKP (US-$)	87 855
zum Vergleich: Deutschland	50 425
HDI-Wert	0,925
HDI-Rang (von 191 Staaten)	5
Lebenserwartung w/m (Jahre)	85/81
Fruchtbarkeitsrate	1,2

zusammengestellt nach verschiedenen Quellen

23

Kunst und Kultur

„Singapur hat in diesem Bereich eine Menge zu bieten. Zahlreiche Museen laden zu einem Besuch ein, besonders das National Museum of Singapore (NMS), das Asian Civilization Museum (ACM) und das Peranakan Museum. Die drei wurden wunderschön restauriert und bieten ständig wechselnde Ausstellungen und Veranstaltungen an. …
Für Kunstinteressierte gibt es eine große Anzahl kleinerer und größerer Galerien, die u. a. asiatische Kunst anbieten. Eine der etablierteren Galerien ist etwa die Art-2 Gallery. …
Beliebt ist auch das 2002 eröffnete Kulturzentrum ‚Esplanade – Theatres on the Bay', das über einen Theater- bzw. Opernsaal mit 2 000 und einen Konzertsaal mit 1 600 Sitzplätzen verfügt. …
Darüber hinaus gibt es zahlreiche kleine Theater (z. B. Singapore Repertory Theatre, The Stage Club, The Substation, Wild Rice, The Necessary Stage).
Für Liebhaber klassischer Musik gibt es das Singapore Symphony Orchestra, dessen Konzerte zumeist im neuen Kulturzentrum aufgeführt werden."

Auswärtiges Amt 2020: Kunst und Kultur in Singapur.
Unter: https://singapur.diplo.de (Zugriff: 03.03.2020)

Bildung und Wisenschaft

„Singapur verfügt über ein hervorragendes Bildungssystem mit wenigen, aber sehr guten Universitäten. Bildung und Ausbildung nehmen eine strategisch wichtige Stellung in der singapurischen Regierungspolitik ein. Da es sich um einen Stadtstaat handelt, setzt Singapur ganz auf eine wissensbasierte Ökonomie und rekrutiert qualifizierten Nachwuchs aus der ganzen Welt und besonders aus den ASEAN-Nachbarstaaten, Indien und China. Im Ranking der führenden Innovationsstandorte der World International Property Organisation (WIPO) rangiert Singapur 2016 auf Platz sechs hinter der Schweiz, Schweden, Großbritannien, den USA und Finnland.
Die National University of Singapore (NUS) … sieht sich als führende forschungsorientierte Universität und beherbergt neben 30 universitären Forschungsinstituten und Zentren auch drei von Singapurs fünf Research Centres of Excellence – spezialisiert auf Quantentechnologien, Krebsforschung und Mechanobiologie. Diese Zentren werden von der National Research Foundation und dem Bildungsministerium finanziert."

Claudia Finner: Singapur. Bildung und Wissenschaft. Unter: https://www.daad.de (Zugriff: 03.03.2020)

24

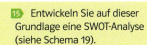

15 Entwickeln Sie auf dieser Grundlage eine SWOT-Analyse (siehe Schema 19).

16 Erörtern Sie mögliche Gefährdungen der Position Singapurs.

6.2 Schattenseiten der Metropolisierung

Flächenverbrauch und Umweltprobleme

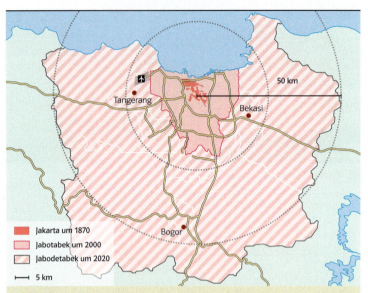

Nach Jürgen Bähr und Ulrich Jürgens: Stadtgeographie II. Braunschweig: Westermann 2009, S. 279.

„Die Dynamik der städtischen Entwicklung greift heute weit über die administrativen Grenzen Jakartas hinaus … Die Städte Jakarta, Bogor, Tangerang und Bekasi wachsen mehr und mehr zu einem Agglomerationsraum zusammen, der … als Planungsregion Jabotabek (nach den Anfangsbuchstaben der vier Städte) bezeichnet wird."

Jürgen Bähr und Ulrich Jürgens: a. a. O., S. 281

Bevölkerungswachstum der Hauptstadt Jakarta 1950–2019 (1 000 Ew.)

1950	1970	1990	2000	2015	2019
1 452	3 915	8 175	8 390	10 154	10 638

Bevölkerungswachstum der Metropolregion Jabotabek/Jabodebatek 1990–2019 (1 000 Ew.)

1990	2000	2015	2019
17 135	21 134	3 165	34,3

Nach Karl Vorlaufer: Südostasien. Darmstadt: Wissenschaftliche Buchgesellschaft. 3. Auflage 2018, S. 96, aktualisiert anhand verschiedener Quellen

1 Wachstum von Jakarta und der Metropolregion Jabotabek

Verlust landwirtschaftlicher Nutzfläche

Expansion der Siedlungsflächen

„Mit dem rasanten Städtewachstum ist ein hoher Verbrauch landwirtschaftlicher Nutzfläche verbunden. Für zehn neue Stadtbewohner werden in SOA [Südostasien] generell mindestens 0,5 ha Agrarland für Siedlungsflächen und Infrastruktur benötigt. Die agrarökologisch günstigsten Flächen liegen fast stets im Flachland, das auch vorrangiger Standort der Städte ist. Insbesondere die großflächigen Industrie- und Verkehrsanlagen haben einen riesigen Flächenbedarf. Der 2006 eröffnete Großflughafen Bangkoks, Suvarnabhumi, z. B. wurde auf 3 200 ha angelegt, die vorher für Nassreisanbau und Gartenkulturen genutzt wurden. Folge der Verstädterung ist daher in vielen Regionen ein Schrumpfen der Agrarproduktion in agrarisch günstigen Räumen."

Karl Vorlaufer: a. a. O., S. 96

2

Reaktion: „Urban Gardening"

„Die Versorgung der Stadt mit Nahrungsmitteln stellt … eine große Herausforderung dar. … Immer mehr Bürgerinnen und Bürger gehen [deshalb] in südostasiatischen Städten dazu über, ihr Obst oder Gemüse selbst anzubauen. Urbane Subsistenzproduktion ist … bisher überwiegend im Zusammenhang mit den in Squatter-Siedlungen oder Slums lebenden urbanen Armen diskutiert worden. Aktuell ist der Anbau von Obst und Gemüse auf dem Balkon zu Hause, auf Dachgärten oder urbanem Brachland jedoch vor allem unter den Mitgliedern der urbanen Mittelklasse zu beobachten."

Sandra Kurfüst: Stadtentwicklung und Urbanismus in Südostasien. In: Karl Husa u. a. (Hrsg.): Südostasien. Wien. new academic press 2018, S. 175

3

---

1 Bearbeiten Sie eine der dargestellten „Schattenseiten" (S. 74–75) mithilfe der folgenden Aufgaben.
a) Beschreiben Sie – auch mithilfe einer ergänzenden Internetrecherche – die Dimension des Problems.
b) Erklären Sie die Ursachen.
c) Erörtern Sie Lösungsmaßnahmen.
d) Gestalten Sie zu Ihren Ergebnissen eine Präsentation für das Plenum.

4 Jakarta: Müllberge, Suche nach Recyclebarem

Entsorgungs- und Umweltprobleme

Müllberge und Gesundheitsgefährdung

„Die Beseitigung fester und liquider Abfälle ist in fast allen Städten [Südostasiens] und namentlich in den Slums der großen Ballungsräume mangelhaft. Nur ein kleiner Teil des Mülls wird regelmäßig abgefahren und in sachgerecht angelegten Deponien entsorgt. ... Moderne Müllverbrennungsanlagen gibt es nur in wenigen Städten, in Thailand z. B. nur in Bangkok und ... in den Tourismuszentren Phuket und Samui. Für die meisten Städte sind zahlreiche ‚wilde' Müllhalden und wenige geregelte Deponien typisch. Hier haben sich oft riesige Müllsiedlungen entwickelt, deren Bewohner im und vom Müll leben, indem sie die wieder verwertbaren Abfälle sammeln und über Zwischenhändler der Recyclingwirtschaft verkaufen. In mehr und mehr Städten wird aber das getrennte Müllsammeln bereits bei den Haushalten und Betrieben propagiert. Schon seit Langem wird ohnehin in vielen Städten der wieder verwertbare Abfall ... von privaten Müllsammlern ... abgeholt und der Recyclingwirtschaft zugeführt. Der sonstige Müll wird in vielen Städten aber noch weithin in Erdlöchern privat vergraben, verbrannt oder in Fließgewässern entsorgt. ... Viele Klongs (Kanäle) in Bangkok z. B. sind daher stinkende, gesundheitsgefährdende Kloaken, zumal sie auch ungeklärte Abwässer aufnehmen. ...

Infolge der klimatisch bedingten schnellen Verwesung bzw. Vermoderung des Hausmülls entstehen gesundheitsgefährdende Brutstätten von Schädlingen wie Ratten oder Insekten, deren evtl. Bekämpfung mit chemischen Mitteln wiederum gesundheitsschädliche Nebenwirkungen hat. Ein Großteil des trockenen Mülls, wie namentlich die in großer und zunehmender Zahl anfallenden Plastiktüten und -verpackungen, wird verbrannt: Riesige Rauchschwaden mit giftigen Verbrennungsgasen und Rauchpartikeln gehören zum täglichen Bild vieler Stadtviertel."

Karl Vorlaufer: a. a. O., S. 104 – 105

6 Jakarta: Verkehrsinfarkt und Luftverschmutzung

Verkehrsprobleme in den Städten

„Riesige Verkehrslawinen wälzen sich heute durch die Städte mit ihrer hierfür gänzlich unzulänglichen Infrastruktur. Ein effizientes öffentliches Nahverkehrssystem existiert nur in wenigen Städten. Seit den 1990er-Jahren übernehmen zwar mehr und mehr leistungsfähige schienengebundene Massenverkehrsmittel den Stadtverkehr namentlich in den Ballungsräumen, so u. a. in Singapur, Kuala Lumpur und Bangkok, doch wurde die Verkehrsmisere ... nicht spürbar gemildert. ...

Die private Motorisierung weist in allen Ländern und Städten eine ungebrochene Dynamik auf. ... In Jakarta wurden die hier sehr zahlreichen ... Becak-(Dreirad-)Fahrer, die ein bedeutender innerstädtischer Träger des Personen- und Güterverkehrs waren, ... 1990 verboten. Die als rückständige und erniedrigende Fortbewegungsform betrachteten Dreiräder wurden durch benzinbetriebene Baibaj und durch Minibusse ersetzt – mit der Folge extremer Umweltbelastung. Jakarta zählt u. a. deshalb zu den ... Städten mit der weltweit höchsten Schadstoffbelastung. ...

Lärm und Belastung der Luft mit Schadstoffen übersteigen oft die von der WHO publizierten Grenzwerte. Unter diesen Bedingungen hat insbesondere die arme Bevölkerung zu leiden. Sie wohnt häufig unmittelbar an stark befahrenen Verkehrswegen und unterliegt so einer hohen gesundheitlichen Gefährdung."

Karl Vorlaufer: a. a. O., S. 105 – 106

Hauptstadtverlegung als (Not-)Lösung?

„Die Pläne von Indonesiens Präsident Widodo [werden] konkreter: Die Hauptstadt soll auf die Insel Borneo verlegt werden. ... Jakarta kämpft mit Luftverschmutzung und starken Verkehrsproblemen. ... Außerdem droht die Stadt zu versinken, sie liegt mittlerweile zu 40 Prozent unter dem Meeresspiegel.

Die indonesische Hauptstadt zu verlegen, könnte bis zu zehn Jahre dauern. Die Kosten werden nach Regierungsangaben auf umgerechnet bis zu 27 Milliarden Euro geschätzt."

Annika Sepeur: Indonesien will Hauptstadt verlegen. tagesschau.de vom 08.08.2019 (Zugriff: 03.03.2020)

Marginalisierung und Segregation

Metropole Manila – der Magnet

„Seit … dreißig Jahren … hat es keine Regierung geschafft, den Anteil der armen Bevölkerung signifikant zu reduzieren. Dass sich die Wirtschaft relativ erfreulich entwickelt, ist für viele Filipinos unerheblich. Es profitieren vorwiegend die oberen Schichten. Der Wohlstand ist auch geografisch ungleich verteilt. 85 Prozent aller Steuereinnahmen fliessen zur Zentralregierung. … Der Großteil der Investitionen entfällt auf den Großraum Manila, wo rund 20 der 100 Millionen Filipinos leben. Kein Wunder, dass die Metropole am Pasig-Fluss Habenichtse aus allen Landesteilen anzieht. Die ländliche Armut wird zur urbanen Misere. Obdachlose, alleine in Manila werden sie auf mindestens 3 Millionen geschätzt, hausen, wo Platz ist: unter Brücken, auf freien Parzellen zwischen Hochhäusern oder entlang der Flaniermeile in der Bucht von Manila."

Nina Pelz und Manfred Rist: Leben unter Toten. In: Neue Züricher Zeitung vom 27.05.2016

9

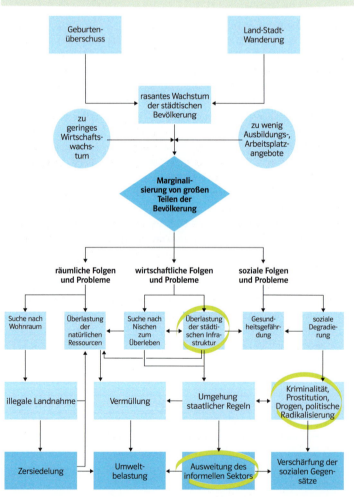

Städtische Marginalisierungsprozesse in Entwicklungsländern: Ursachen und Folgen

10

Die Städte Südostasiens wachsen in erster Linie als Folge der starken Zuwanderungen aus dem ländlichen Raum. Hinzu kommen die hohen Geburtenüberschüsse aufgrund der überwiegend jungen städtischen Bevölkerung. Insbesondere die Zuwanderer finden in vielen Fällen weder einen Ausbildungs- noch einen regulären Arbeitsplatz. Sie werden somit in eine wirtschaftliche, gesellschaftliche und räumliche Randexistenz abgedrängt. Dieser Prozess wird als **Marginalisierung** bezeichnet.

Die Suche dieser Bevölkerungsgruppen nach einer Unterkunft richtet sich zum einen auf heruntergekommene Viertel in den Innenstädten, die vormals von höheren Sozialschichten bewohnt waren. Aber nicht alle finden in den – im engeren Sinne als innerstädtische **Slums** bezeichneten – Elendsquartieren ein Unterkommen. Daher bauen sich viele der Migranten im sonstigen städtischen oder randstädtischen Bereich illegale Behausungen. Das geschieht meist in gemeinsamen spontanen Aktionen und ohne rechtliche Erlaubnis durch die Behörden oder den Landeigentümer. Daneben gibt es – insbesondere in Bangkok – auch „Land Rental"-Slums auf parzellenweise gepachteten privaten Flächen. Alle diese Hütten- bzw. Squattersiedlungen und die innerstädtischen Slums werden in dem Oberbegriff **Marginalsiedlungen** zusammengefasst.

Die häufig über das ganze Stadtgebiet verteilten Slums bzw. Marginalsiedlungen wirken auf die städtischen Eliten wie lästige Pfähle im Fleisch des Stadtkörpers. Es kommt immer wieder vor, dass sie ehrgeizigen Entwicklungsprojekten im Wege stehen. Dann rücken die Bulldozer an.

Die höheren Sozialschichten schotten sich in zunehmendem Maße von der marginalisierten Bevölkerung ab. Es entstehen exklusive Räume mit geschlossenen, luxuriösen Wohnvierteln. Sie werden meistens von privaten Sicherheitsfirmen überwacht. Dieser Vorgang wird als soziale **Segregation** bezeichnet.

11 Manila: Marginalsiedlung

14 Manila: Gated Community

Prozess der Segregation

„Vielerorts [erfolgt] eine beträchtliche Umsiedlung etwa aus den Slums und Squattersiedlungen der Kernstädte an die Peripherie, häufig auch um begehrte Innenstadtlagen mit hoher Standortqualität einer bestmöglichen Nutzung zuzuführen. Andererseits kommt auch privaten, der öffentlichen stadtplanerischen Regulierung weitgehend entzogenen Unternehmen eine wichtige Rolle ... zu. Sie planen, entwickeln und verwalten luxuriöse Wohnsiedlungen für die Ober- und gehobene Mittelschicht. Die [wird] mit aggressiven Slogans für den Erwerb ... [von] ... Luxuswohnung[en] geworben ..., in denen – zunehmend unter den Schlagworten Nachhaltigkeit und Ökologie – die ‚Privileged Few' unbehelligt von den Widrigkeiten der sonstigen städtischen Umwelt und den weniger Begüterten unter sich leben können. So entstehen zunehmend Gated Communities, deren Bewohner in abgeschotteten, von privaten Sicherheitsdiensten bewachten Siedlungen leben. ... In denen [weisen] die Versorgungs- und Erholungseinrichtungen hohe Standards auf ... (Shopping Malls, Fitnesscenter, oft Fun- und Freizeitparks, internationale Schulen, Spezialkliniken). Derartige Luxusquartiere entstanden zwar zunächst in den Metropolen kapitalistischer Länder, dann aber auch in den ‚sozialistischen' Staaten Myanmar (so in Yangon [Rangun]) und Vietnam (so um Hanoi)."

Karl Vorlaufer: Südostasien. Darmstadt: Wissenschaftliche Buchgesellschaft. 3. Auflage, 2018, S. 99 – 100

12

Nightingale Keyes berichtet aus ihrer Gated Community in Metro Manila

„Mein Haus hat vierhundert Quadratmeter. Das ist ganz normal in meiner Nachbarschaft. Es gibt auch ‚Gated Communities' in Manila, da leben die, die wirklich reich sind. Wachleute an den Einfahrten kontrollieren, wer einen Passierschein hat und herein darf. ...

Ich kenne ein Haus in einer ‚Gated Communitiy', das sieht aus, als stünde es in Versailles. ... Auch sind die Häuser dort viel größer als meines. In diesen Gegenden sieht man Hausangestellte höchstens dann auf der Straße, wenn sie die Hunde ihrer Arbeitgeber ausführen. ...

Die Kinder aus ‚Gated Communities' wissen nicht, was Armut ist. Sie wissen nicht, wie es ist, ein Kind vor Hunger weinen zu sehen. Durch ihre Lebensweise sind sie dem gar nicht ausgesetzt. Sie gehen zur Schule und dann wieder nach Hause. Im Sommer reisen sie und sind in der ganzen Welt unterwegs. Mit Armen haben sie da einfach keine Berührungspunkte.

Ich selbst habe vier Angestellte: eine Köchin, eine Putzfrau und zwei Fahrer. Auch das ist normal in meinem Viertel. Aber es gibt auch viele Bessergestellte, die auf informelle Siedler herabsehen und sie für schlechte Menschen halten. Die geben Leuten aus solchen Siedlungen natürlich keinen Job. Und so entsteht ein Mangel an Chancen."

Misereor: Entwicklung findet Stadt. Dossier 7–2017, S.15

13

2 Ordnen Sie Aussagen von Quellentext 9 in das Wirkungsgeflecht 10 ein.

3 Erklären Sie die Prozesse der Marginalisierung und Segregation.

4 Gestalten Sie – mithilfe der Materialien in diesem Buch und einer Internetrecherche – eine Präsentation zu einem der im Wirkungsgeflecht 10 mit gelb gekennzeichneten Problemfelder.

15 Hochwassergefährdeter Slum in Bangkok

Hohe Verwundbarkeit

In der geographischen Entwicklungs- und Katastrophenforschung ist bereits in den 1980er-Jahren das Konzept der **Vulnerabilität** (lateinisch *vulnus* ‚Wunde') erarbeitet worden. Die **Verwundbarkeit** beschreibt das Ausmaß von Anfälligkeit, Unsicherheit und Schutzlosigkeit einer Gesellschaft, einer Bevölkerungsgruppe oder einzelner Menschen gegenüber Naturgefahren und ökologischen sowie sozialen Gefährdungen. Inwieweit die Betroffenen vulnerabel sind, hängt von verschiedenen Faktoren ab. Entscheidend sind in jedem Falle die ökonomischen, politischen, institutionellen und sozialen Strukturen der Gesellschaft, die einem Naturereignis oder einer Gefährdung ausgesetzt ist.

Das Konzept der Vulnerabilität bietet eine Möglichkeit, die Schäden zu erfassen, die aus einem Naturereignis bzw. einer ökologischen oder sozialen Gefährdung zu erwarten sind, und die Reaktionsmöglichkeiten von Menschen, Gruppen oder Gesellschaften zu bewerten. Vulnerabilität wird dabei im Hinblick auf die dargestellten Faktoren erfasst. Für jede dieser vier Komponenten werden unterschiedliche Indikatoren analysiert, denen weltweit verfügbare und öffentliche Daten zugrunde liegen. Die Karte 17 zeigt am Beispiel des Faktors „Anfälligkeit", welche Indikatoren wie gemessen und gewichtet werden. Die Ergebnisse dienen dazu, die Fähigkeit einer Gesellschaft abzuschätzen, zerstörerische Auswirkungen von Naturereignissen zu minimieren. Aus festgestellten Defiziten können notwendige Präventivmaßnahmen abgeleitet werden.

Wohnungsnot in den Metropolen und Megastädten

„Die Bewohner der Slums in Indonesien (aber auch in den Philippinen, Vietnam, Kambodscha, Burma) leiden unter extremer Verwundbarkeit ihrer Lebenslage. Die unzulängliche oder fehlende Beseitigung fester und liquider Abfälle bedroht die Gesundheit. Der erschwerte Abfluss der hohen Niederschläge während des Monsuns aufgrund fehlender Kanalisation bewirkt oft Flutkatastrophen mit Zerstörungen der Wohngebäude. Fehlende Durchgangsstraßen in Verbindung mit einem mangelhaften ‚Layout' der Bebauung und der hohen Wohndichte verhindern im Falle von Katastrophen den Einsatz von Rettungskräften. Die häufig ungesicherten Landnutzungs- und Wohnrechte hängen wie ein Damoklesschwert permanent über der Mehrheit der Bewohner vieler Slums. Private ‚Landlords' oder Behörden können diese ‚Rechte' oft jederzeit widerrufen, wenngleich die vor einigen Jahrzehnten betriebene Sanierungsmethode der radikalen Beseitigung von Wohngebäuden – meist ohne Vorankündigung – durch Bulldozer aufgrund befürchteter nationaler und internationaler Proteste kaum noch großflächig praktiziert wird. … Hohe Arbeitslosigkeit, geringe Einkommen sowie die beengten und schlechten Wohnverhältnisse … bedingen die weithin fragilen familiären Strukturen, unter denen v. a. Kinder zu leiden haben. In den großen Slums etwa von Manila, Jakarta oder Phnom Penh leben viele Straßenkinder, die der Kriminalität und sexuellen Ausbeutung ausgesetzt sind.

Dieser sozialen Marginalisierung der Slumbevölkerung steht gegenüber, dass in vielen Slums … die Bevölkerung einen Gemeinschaftssinn … und eine Organisationsfähigkeit zur Durchsetzung ihrer Interessen gegenüber dem Staat entwickelt. … Generell unterhalten die unter der Armutsgrenze lebenden Bewohner der Städte und namentlich der Slums komplexe soziale Netzwerke, die der … gegenseitigen Hilfe bei Krankheit und im Alter sowie bei der Arbeitsvermittlung dienen. In den großen Slums, z. B. Manilas, gibt es jedoch auch mafiaähnliche Syndikate, die oft u. a. Landbesetzungen initiieren und dann das Land gegen monatliche Mietzahlungen an ihre Anhänger verteilen."

Karl Vorlaufer: Südostasien. Darmstadt: Wissenschaftliche Buchgesellschaft. 3. Auflage, 2018, S. 107

16

5 Stellen Sie Ziele und Inhalte des Vulnerabilitätskonzeptes dar.

Das Vulnerabilitätskonzept (Komponenten des Weltrisikoindex)

Exposition: Staaten, Städte, Gesellschaften, Bevölkerungsgruppen, Einzelne sind mit ihren Gütern (z. B. Gebäude, Infrastruktureinrichtungen) – bedingt durch die geographische Lage – in unterschiedlicher Weise den Auswirkungen einer oder mehrerer Naturgefahren ausgesetzt. *(Natur / Gefährdung)*

Anfälligkeit: Aufgrund bestimmter struktureller Merkmale (z. B. Zustand der Wirtschaft, Ernährungs- und Gesundheitssituation, Funktionstüchtigkeit der Infrastruktur) können Gesellschaften, Gruppen bzw. Einzelne besser oder schlechter auf Gefährdungen reagieren.

Bewältigungskapzität: Betroffene Länder, Gruppen oder Einzelne verfügen in unterschiedlichem Maße über Ressourcen, aber auch über die Bereitschaft, Fähigkeit und Institutionen, um Auswirkungen einer Gefährdung zu minimieren sowie Vorkehrungen zu treffen.

Anpassungsfähigkeit: Im Vergleich zur Bewältigungskapazität beschreibt dieser Faktor die Kapazitäten, Maßnahmen und vor allem auch die Bereitschaft der Verantwortlichen, existierende Strukturen an erwartete Auswirkungen einer Gefährdung anzupassen.

(Gesellschaft / Vulnerabilität)

17

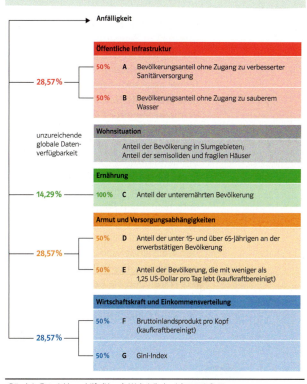

Messung des Faktors „Anfälligkeit"

- **Öffentliche Infrastruktur** (28,57 %)
  - 50 % A Bevölkerungsanteil ohne Zugang zu verbesserter Sanitärversorgung
  - 50 % B Bevölkerungsanteil ohne Zugang zu sauberem Wasser
- **Wohnsituation** (unzureichende globale Datenverfügbarkeit)
  - Anteil der Bevölkerung in Slumgebieten; Anteil der semisoliden und fragilen Häuser
- **Ernährung** (14,29 %)
  - 100 % C Anteil der unterernährten Bevölkerung
- **Armut und Versorgungsabhängigkeiten** (28,57 %)
  - 50 % D Anteil der unter 15- und über 65-Jährigen an der erwerbstätigen Bevölkerung
  - 50 % E Anteil der Bevölkerung, die mit weniger als 1,25 US-Dollar pro Tag lebt (kaufkraftbereinigt)
- **Wirtschaftskraft und Einkommensverteilung** (28,57 %)
  - 50 % F Bruttoinlandsprodukt pro Kopf (kaufkraftbereinigt)
  - 50 % G Gini-Index

Bündnis Entwicklung hilft (Hrsg.): Weltrisikobericht 2016. S. 44

19

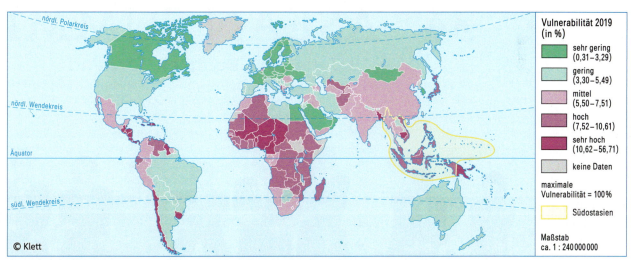

18 Urbane Vulnerabilität: Verwundbarkeit der Gesellschaft als Summe aus Anfälligkeit, Mangel an Bewältigungs- und Anpassungskapazitäten
Nach: Bündnis hilft (Hrsg.): WeltRisikoBericht 2014. S. 51

---

6 Erklären Sie, wie der Faktor „Anfälligkeit" gemessen wird.

7 Analysieren Sie mithilfe der Materialien 16–18 – auch unter Rückgriff auf S. 76/77 – die Vulnerabilität der Metropolen Südostasiens.

8 Erörtern Sie die Chancen für eine deutliche Verminderung der Vulnerabilität dieser Megastädte.

7 Wirtschaftsbündnisse in ihrer globalen Bedeutung – ASEAN

Im Zuge des Globalisierungsprozesses haben Grenzen an Bedeutung verloren. Das betrifft Politik, Gesellschaft, Kultur und Kommunikation sowie in besonderer Weise auch die Wirtschaft. Global agierende Industrieunternehmen verfügen über weltweite Netze bei der Produktion und Vermarktung ihrer Güter und bei Forschung und Entwicklung. Gleiches trifft auf die „Global Player" des Finanzsektors zu oder auf die bedeutenden Digital-Konzerne.

Es ist für die Staaten der Welt und ihre Ökonomien, also auch für die Südostasiens, zu einer entscheidenden Frage geworden, wie sie sich in diesem Prozess positionieren können. Das betrifft vor allem zwei tragende Säulen der Globalisierung, den Welthandel und die Ausländischen Direktinvestitionen. Die Teilhabe am globalen Handel mit Waren und die Generierung von Investitionen sind ein Maßstab für die Integration in den Globalisierungsprozess.

In den letzten Jahrzehnten sind immer mehr Wirtschaftsbündnisse bzw. Freihandelszonen entstanden. Diese Regionalisierung wurde lange als Gegenpol zur Globalisierung verstanden. Heute sieht man sie dagegen eher als ein Mittel der Regionen, ihre Rolle im Globalisierungsprozess zu stärken. Der Wegfall von Zöllen mit der damit verbundenen Entwicklung des eigenen Binnenmarktes, die Formulierung gemeinsamer wirtschaftlicher Ziele, koordinierte Anstrengungen zur Verbesserung der Infrastruktur etc. fördern nicht nur die Integration der Bündnisstaaten. Sie sollen auch dazu dienen, das ökonomische Gewicht der Region in der Welt zu erhöhen.

In Südostasien ist vor diesem Hintergrund das Wirtschaftsbündnis ASEAN entstanden. Zehn Staaten Südostasiens wollen als integrierter Wirtschaftsraum eine stärkere Position im Globalisierungsprozess erlangen, der bisher ganz maßgeblich von Europa, Nordamerika und Ostasien geprägt ist.

Kompetenzen erwerben
- die globalen Verflechtungen des ASEAN-Bündnisses erläutern;
- wichtige Merkmale dieses Wirtschaftsbündnisses beschreiben;
- Etappen der wirtschaftlichen Entwicklung der ASEAN-Länder darstellen;
- den ASEAN-Raum als Investitionsstandort charakterisieren;
- beurteilen, inwiefern ASEAN von globalen Partnerschaften profitiert.

1 Das 34. Gipfeltreffen der Staats- und Regierungschefs der zehn ASEAN-Staaten

7.1 Wirtschaftsbündnis ASEAN

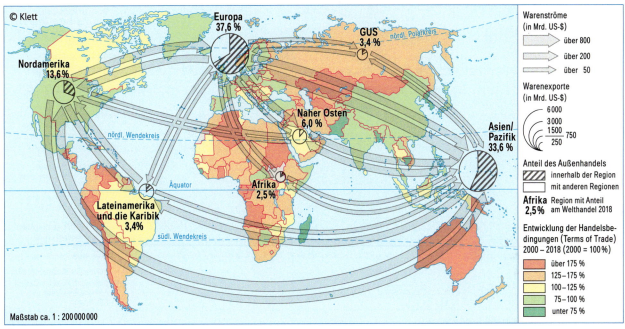

1 Welthandel
Nach WTO: International Trade Statistics 2018

Handels- und Wirtschaftsverflechtungen

Die südostasiatischen Staaten sind ein Teil der drei den Welthandel beherrschenden Regionen, der sogenannten **Triade**. Zusammen mit den hoch industrialisierten Ländern Ostasiens – Japan, China und Südkorea – bilden sie den Wirtschaftsraum „ASEAN +3" und damit den asiatischen Teil der Triade. Außerdem gehören zur Triade noch Nordamerika, im Wirtschaftsbündnis NAFTA zusammengeschlossen, und die Europäische Union.

Schon diese kurze Darstellung macht deutlich, dass mit dem ASEAN-Bündnis, das bis auf Timor-Leste mit der Region Südostasien identisch ist, ein ökonomisches Schwergewicht entstanden ist. Von seinem **BIP** und von seinem Anteil am Welthandel her, der immerhin rund 7% beträgt, rangiert ASEAN unter allen Wirtschaftsbündnissen hinter EU und NAFTA an dritter Stelle. Dabei weist man sogar eine noch stärkere Integration in den Welthandel auf als diese beiden Bündnisse (siehe Tabelle 2). Wie auch die anderen Regionen und Staaten profitiert ASEAN von der Liberalisierung und Steuerung des Welthandels durch die Welthandelsorganisation WTO. Ihr gehören alle ASEAN-Staaten an.

Neben der Liberalisierung des Welthandels gab es weitere, interne Gunstfaktoren für die Einbindung in weltweite Wirtschafts- und Handelsverflechtungen. Dazu gehören die z.T. günstige Raumausstattung (z.B. fruchtbare Böden und Bodenschätze), die niedrigen Löhne bei zunehmender Qualifikation der Arbeitskräfte, das Vorhandensein einer bedeutenden **Global City** (Singapur), die Küstenlagen mit wichtigen Häfen für Ein- und Ausfuhren, die Nähe zur zweit- und drittgrößten Volkswirtschaft der Erde, China und Japan. Alles das hat dazu geführt, dass die ASEAN-Region ihre eigentlich vorhandene Marginallage längst überwunden hat und zum Wachstumsraum geworden ist.

Außenhandel der vier bedeutendsten Wirtschaftsbündnisse nach internem und externem Handel

Wirtschaftsraum	Intra-Handel (%)	übriger Handel (%)		
EU 28	64	36	davon übriges Europa	6
NAFTA*	35	65		
ASEAN	24	76	davon übriges Asien	33
Mercosur	13	87	davon übriges Lateinamerika	7

*Seit Oktober 2018 USMCA (United States-Mexico-Canada-Agreement)
Eigene Zusammenstellung nach verschiedenen Quellen

2

7.1 Wirtschaftsbündnisse in ihrer globalen Bedeutung – ASEAN

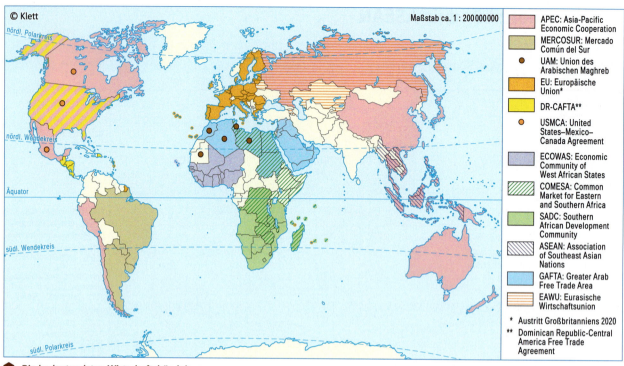

3 Die bedeutendsten Wirtschaftsbündnisse

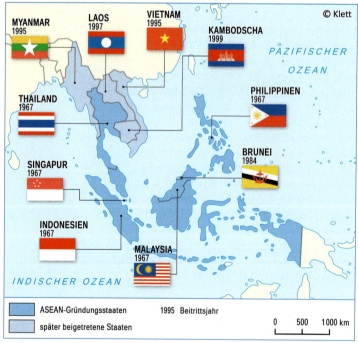

4 Heutige Mitgliedstaaten des ASEAN-Bündnisses

Wirtschaftsbündnisse

Als 1957 die heutige Europäische Union (zu diesem Zeitpunkt: Europäische Wirtschaftsgemeinschaft, EWG) gegründet wurde, entstand weltweit die erste Freihandelszone aus mehreren selbstständigen Staaten. Der EU folgte die Entstehung zahlreicher weiterer Wirtschaftsbündnisse, teilweise nach ihrem Vorbild. Schon ein Jahrzehnt später, 1967, schlossen sich die fünf südostasiatischen Staaten Indonesien, Malaysia, Philippinen, Singapur und Thailand zur „Association of Southeast Asian Nations" zusammen, der ASEAN.

Grundsätzlich erhofften sich die ASEAN-Mitgliedstaaten, dass die Integration in dieses Bündnis für einen wirtschaftlichen Aufschwung in den Staaten sorgen würde. Die Handelserleichterungen innerhalb der Assoziation sollten nicht nur zur Intensivierung des Warenaustauschs führen, sondern auf diesem Wege auch zu einer Erhöhung der Produktion. Insgesamt sollte sich also durch die Stärkung des Bündnis-Binnenmarktes auch jede der beteiligten Volkswirtschaften weiterentwickeln.

1 Beschreiben Sie wichtige Merkmale der Welthandelsströme (S. 81, M1).

Die vier größten Wirtschaftsbündnisse im Vergleich, 2018

Bündnis	BIP (Bill. US-$)	BIP/Kopf (US-$, ø PPP)	Exporte (Mrd. US-$)	Importe (Mrd. US-$)	Arbeitslosigkeit (% aller Beschäftigten, ø)
EU (28 Staaten)	15,87	30 900	4 231,2	4 059,6	6,2
NAFTA (3 Staaten)*	23,38	42 700	2 386,3	3 223,9	4,7
ASEAN (10 Staaten)	2,79	26 540	1 281,8	1 156,3	**3,2
Mercosur (4 Staaten)	2,49	10 910	298,4	237,2	**8,6

* Seit Oktober 2018 eigentlich USMCA (United States-Mexico-Canada-Agreement)
** Offizielle Angaben, ohne Berücksichtigung des informellen Sektors
Eigene Zusammenstellung nach verschiedenen Quellen, bes. DESTATIS und CIA World Factbook

5

ASEAN – Daten und Fakten

Ökonomische Vergleichsdaten der 10 ASEAN-Mitgliedsstaaten, 2018

Land	BIP (Mrd. US-$)	BIP/Kopf (US-$, PPP)	Exporte (Mrd. US-$)	Importe (Mrd. US-$)	Arbeitslosigkeit (%)*
Brunei	12,13	78 900	5,9	3,0	6,9
Indonesien	1 015,00	12 400	168,9	150,1	5,4
Kambodscha	22,09	4 000	11,4	14,4	0,3
Laos	49,34	7 400	3,7	5,0	0,7
Malaysia	312,40	29 100	187,9	160,7	3,4
Myanmar	67,28	6 300	9,8	15,8	4,0
Philippinen	313,60	8 400	48,2	89,4	5,7
Singapur	323,90	94 100	396,8	312,1	2,2
Thailand	455,40	17 900	235,1	203,2	0,7
Vietnam	220,40	6 900	214,1	202,6	2,2

* Offizielle Angaben, ohne Berücksichtigung des informellen Sektors; dieser wurde z. B. 2015 für Thailand mit 42,3 % aller Beschäftigten angegeben, bei Kambodscha und Laos lag der Wert zwischen 50 % und 60 %.
Nach CIA World Factbook 2019

6

Die ASEAN im Überblick

- „630 Millionen Menschen leben in ASEAN, das sind 9 Prozent der Weltbevölkerung und mehr als in der EU oder Nordamerika. […] Und ASEAN ist jung: Die Hälfte der Bevölkerung ist jünger als 30 Jahre.
- 2030 soll ASEAN die viertgrößte Volkswirtschaft der Welt sein (BIP derzeit 2,7 Billionen US-Dollar).
- Das Bruttoinlandsprodukt (BIP) pro Kopf ist in ASEAN seit Ende der 1970er-Jahre um durchschnittlich 5 Prozent pro Jahr gewachsen – Weltrekord. […]
- Im Jahr 2000 lebten noch 14 Prozent der ASEAN-Bevölkerung unter der internationalen Armutsgrenze. 2013 waren es nur noch 3 Prozent.
- ASEAN ist der drittgrößte Empfänger von Ausländischen Direktinvestitionen weltweit.
- Zwischen den Mitgliedsstaaten von ASEAN gibt es fast keine Handelszölle mehr: Der Staatenbund hat 99 Prozent der bisherigen abgeschafft. Er will den Austausch von Transport- und Handelsdaten erleichtern. Entsprechende Steuerung und Rahmenbedingungen sind in Arbeit.
- Eine Billion US-Dollar: Diesen Wert sollen die Bruttoexporte der ASEAN-Staaten im Jahr 2020 erreichen. Die Exporte waren zuletzt (2017) in Vietnam am stärksten gestiegen (plus 19 Prozent), gefolgt von den Philippinen mit 18 Prozent (laut Welthandelsorganisation).
- In den ASEAN-Ländern ist Bargeld das wichtigste Zahlungsmittel – noch. Die Region macht große Fortschritte bei Echtzeit-Zahlungen. Grundlage dafür ist ein elektronisches Zahlungssystem namens ‚any ID', das bereits in vier Ländern zur Verfügung steht.
- ASEAN hat schätzungsweise 330 Millionen Internetnutzer."

Deutsche Bank: Neun Fakten über ASEAN (16.04.2019). Unter: www.db.com/newsroom_news (Zugriff: 06.03.2020)

7

---

 2 Wirtschaftsbündnisse:
a) Erarbeiten Sie Informationen zu einem der in Karte 4 dargestellten Wirtschaftsbündnisse (außer EU und ASEAN).
b) Präsentieren Sie die Ergebnisse in einem mediengestützten Vortrag Ihrem Kurs.

3 Beurteilen Sie die Aussagekraft von Quellentext 7 vor dem Hintergrund der Informationen aus den Materialien 5 und 6.

7.2 Etappen der wirtschaftlichen Entwicklung der ASEAN-Staaten

1 Fertigung von Smartphone-Komponenten in Vietnam

3 Bekleidungsfabrik in Kambodscha

2 Industrieroboter aus Singapur

4 Lebensmittelproduktion in Laos

Bis auf Singapur fallen alle anderen ASEAN-Staaten unter die Begriffe „**Entwicklungsländer**" bzw. „**Schwellenländer**". Das erweckt den Eindruck, dass sie vor allem eine Entwicklung ihrer Industrie anstreben müssen, um zu den sogenannten „**Industrieländern**" aufzuschließen. Dieser Weg, den man auch als „nachholende Entwicklung" bezeichnet, ist ausgesprochen umstritten. Seine Kritiker verweisen vor allem darauf, dass Entwicklung so rein ökonomisch definiert wird. Dennoch ist gerade bei den Staaten der ASEAN zu beobachten, dass dieser Weg seit Jahrzehnten konsequent beschritten wird. Insgesamt werden hierbei fünf Entwicklungsphasen unterschieden. In einer sechsten befindet sich heute Singapur, doch weicht sie erheblich von den in Material 5 aufgezeigten Phasen der industriellen Entwicklung ab. In ihrem Mittelpunkt steht – wie auch in den hoch entwickelten „Industrieländern" – der Tertiäre Sektor (zu Singapur siehe Kapitel 6.1).

Wirtschaftliche Entwicklungsphasen der ASEAN-Staaten

| Phase 1 Rohstoffveredelung | bis ca. 1960 |

Im Mittelpunkt stand die Verarbeitung von Agrarprodukten für den Weltmarkt (Cash Crops wie Kaffee, Tee, Zuckerrohr oder Kautschuk). Für den Binnenmarkt wurden Waren wie Bier, Möbel oder Wassertanks hergestellt, für die auch bei geringeren Einkommen eine Nachfrage entstand und deren Import problematisch war (Preis, Volumen, Verderblichkeit).

| Phase 2 Importsubstitution | 1960er-Jahre |

Die Industrialisierung verfolgte primär das Ziel, Importe durch eigene Produkte zu ersetzen. Dabei handelte es sich meist um arbeitsintensive Branchen, sodass deutliche Effekte für den Arbeitsmarkt entstanden. Der Anteil der Industriebeschäftigten nahm zulasten des Primären Sektors zu.

| Phase 3 Exportorientierung | 1965/70 bis 1990 |

Im Gegensatz zur importsubstituierenden Phase begann bereits in den 1960er-Jahren eine exportorientierte Industrialisierung. In ihrem Mittelpunkt standen arbeitsintensive Produktionen, die einen geringen technischen Aufwand erforderten. Ein signifikantes Beispiel ist die Textil- und Bekleidungsindustrie.

| Phase 4 Exportorientierung und Binnennachfrage | 1990 bis 1998 |

Zum einen wurde die exportorientierte Produktion beibehalten, allerdings jetzt z. T. auf einem höheren Anspruchsniveau. So wurden beispielsweise Fernseh- oder Küchengeräte hergestellt, was auch den Anspruch an die Qualifikation der Arbeitskräfte und an die technischen Voraussetzungen erhöhte. Mit den steigenden Einkommen entstand für diese Produkte auch eine Binnennachfrage. Ausgehend von den verbesserten technologischen Strukturen entwickelte sich die Hightechindustrie, z. B. die Halbleiterproduktion oder die Endfertigung von Computern oder Mobiltelefonen. Gerade in diesem Bereich bestand allerdings eine hohe Abhängigkeit bei Know-how und vor allem Kapital vom Ausland.

| Phase 5 wissensorientierte Industrialisierung | seit Ende der 1990er-Jahre |

Produktivität, Innovationskraft und Wettbewerbsfähigkeit der Länder nahmen bzw. nehmen zu. Es geht nicht mehr primär darum, bereits vorhandene Technologien der hoch entwickelten Staaten zu nutzen oder anzupassen, sondern es geht um eigene Innovationen und Entwicklungen. Dafür entstehen, oft durch den Staat gefördert, Plätze für Forschung und Entwicklung. Es wird endgültig der Wandel von den arbeitsintensiven Industrien hin zu den wissensbasierten vollzogen. Das geht, wie auch in den westlichen Ländern, häufig mit einer Clusterbildung einher. Universitäten, Forschungseinrichtungen und Industrie arbeiten eng zusammen. Der Wandel geschieht allerdings z. T. noch mit ausländischer Unterstützung. In vielen Staaten bilden die Ausländischen Direktinvestitionen (ADI) immer noch die Basis für eine schnelle Industrialisierung und Modernisierung.

| Phase 6 Tertiärisierung statt Industrialisierung | seit den 2000er-Jahren |

Diese Phase ist bisher weitgehend auf Singapur beschränkt. Hier hat sich die Wirtschaftsstruktur trotz einer starken Industrieproduktion zum Tertiären Sektor hin entwickelt. Die Global City ist u. a. zu einem der bedeutendsten Standorte für Finanzdienstleistungen aller Art geworden. Aus der Industriegesellschaft ist im Stadtstaat eine Dienstleistungsgesellschaft geworden. Diese Phase zu erreichen, wird für mehrere der ASEAN-Staaten nur mittel- oder sogar langfristig möglich sein.

Nach Karl Vorlaufer: Südostasien. Verändert und ergänzt

5

1 Entwicklungsphasen der Industrieproduktion:
a) Ordnen Sie die Fotos in die Ihnen richtig erscheinende Reihenfolge.
b) Überprüfen Sie mithilfe der Informationen in Material 5 diese Reihenfolge.

2 Erläutern Sie, auch unter Berücksichtigung der Ausführungen in Kapitel 5, warum Kambodscha, Laos und Myanmar die bisher wirtschaftlich am wenigsten entwickelten ASEAN-Staaten sind.

7.3 ASEAN – globale Integration

Jedes Land hat individuelle Stärken

„Die Industrialisierung der ASEAN schreitet rasch voran, getrieben durch Ausländische Direktinvestitionen. Das offene Singapur ist als Drehscheibe für Investitionen und Handel sowie als Anbieter für Dienstleistungen bekannt; viele Firmen haben dort ihren Hauptsitz für die Region aufgebaut. Auch über 10 000 Unternehmen aus der Europäischen Union (EU) haben sich niedergelassen. […] Wenngleich Dienstleistungen eine große Rolle in Singapur spielen, gibt es eine ganze Reihe an effizienten Industriebranchen, die immer stärker automatisiert und digitalisiert werden. Auch Thailand und Malaysia haben sich als beliebte Produktionsstandorte etabliert und streben eine Aufwertung ihrer Industrie weg von arbeitsintensiven Fertigungsprozessen an. Vietnam hat sich besonders bei Bekleidung und Elektronik als Alternative zum Produktionsstandort China einen Namen gemacht und gewinnt durch Freihandelsverträge weiter an Attraktivität. In Laos, Kambodscha und Myanmar hängt dagegen die wirtschaftliche und infrastrukturelle Entwicklung noch stärker zurück und die Länder können hauptsächlich mit niedrigen Löhnen punkten. Indonesien lebt vor allem vom Verkauf der eigenen Rohstoffe. Trotz niedriger Löhne und einem großen Arbeitskräftereservoir hat sich hier bisher relativ wenig exportorientierte Leichtindustrie angesiedelt. Die Philippinen hoffen, durch ein großes Infrastrukturprogramm endlich ihr wirtschaftliches Potenzial entfalten zu können. Bislang boomt vor allem die Auslagerung von Dienstleistungen, bei der die Bevölkerung dank ihrer weitverbreiteten Englischkenntnisse glänzt."

GTAI: Wachstumsmarkt ASEAN. Chancen in Südostasien. 2019. Unter: www.gtai.de (Zugriff: 06.03.2020)

ADI-Zufluss in die einzelnen ASEAN-Mitgliedsstaaten

Zielland	2011	2013	2015	2017
Brunei	1,2	0,7	0,2	0,5
Indonesien	19,2	18,4	16,6	23,1
Kambodscha	0,9	1,3	1,7	2,7
Laos	0,5	0,4	1,1	1,7
Malaysia	12,0	12,1	10,2	9,4
Myanmar	2,1	2,6	2,8	4,3
Philippinen	1,8	3,9	5,6	10,0
Singapur	40,0	57,5	62,7	62,0
Thailand	2,5	15,9	8,9	9,1
Vietnam	7,5	8,9	11,8	14,1
Insgesamt	**87,7**	**121,7**	**121,6**	**136,9**

Nach ASEAN Investment Report 2018

Zufluss an ADI in den ASEAN-Wirtschaftsraum

Quellland	Volumen (Mrd. US-$)	Anteil (%)
ASEAN-Staaten	26,6	19,4
Japan	13,2	9,6
China	11,3	8,3
Niederlande	10,7	7,8
Hongkong	7,8	5,7
Irland	5,8	4,2
Vereinigte Staaten	5,4	3,9
Südkorea	5,3	3,9
Großbritannien	4,0	2,9
Deutschland	2,7	2,0
Sonstige Staaten	44,2	32,3

Nach ASEAN Investment Report 2018

Zufluss an ADI in den ASEAN-Wirtschaftsraum

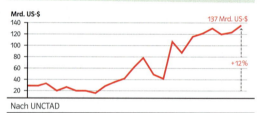

Nach UNCTAD

Ausländische Investitionen

Regionale Wirtschaftsbündnisse wie die EU oder ASEAN sind in einer globalisierten Welt Konkurrenten um Investitionen und Industriestandorte, im Warenhandel oder bei der Entwicklung von technologischem Know-how. Allerdings ist das nur ein Betrachtungswinkel. In der Realität besteht diese Konkurrenz auch innerhalb der Bündnisse. Mit jeweils unterschiedlichen Stärken versucht man, **Ausländische Direktinvestitionen (ADI)** anzulocken. Dabei sind in der Regel die weiter entwickelten Staaten im Vorteil, da sie den potenziellen Investoren Standortvorzüge bieten können. Die ASEAN-Staaten mit Entwicklungsrückständen bieten sich dagegen vor allem für Investoren an, die aus arbeitsintensiven Branchen stammen. Neben der Textil- und Bekleidungsindustrie muss man hier auch die Sportartikelherstellung nennen. Alle bedeutenden Unternehmen dieser Branche lassen in Südostasien produzieren und profitieren von den niedrigen Löhnen in mehreren Staaten.

Fallbeispiel Automobilindustrie

Binnenmarkt und Investitionen

„Während die Exportorientierung zunimmt, werden die heimischen Märkte für fertige Importautos (CBU – Completely Built Up) so weit wie möglich abgeschottet. Das trifft vor allem deutsche Hersteller, die den Luxusmarkt beherrschen. Hohe Zölle und Einfuhrbeschränkungen sind gängige Praxis. So wurden 2017 in Indonesien laut Branchenverband Gaikindo gerade einmal 129 BMW und 50 Audi als CBU importiert. Insgesamt wurden nur 84 000 fertige Autos eingeführt, aber 265 000 exportiert.

Der Automobilmarkt ist einer der wenigen Industriesektoren, den chinesische Unternehmen in der ASEAN noch nicht bestimmen. Doch das soll sich ändern. Im August 2017 gab mit dem siebensitzigen Familienvan Wuling Confero (Neupreis: umgerechnet 10 000 US-Dollar) das erste chinesische Modell auf Indonesiens Straßen sein Debüt. Im Jahr 2018 wurden in Indonesien 15 000 Wulings im Handel abgesetzt – fünfmal so viele wie BMW, VW und Audi im selben Zeitraum zusammen. […]

In Malaysia wollen die beiden chinesischen Firmen GSR Capital und Envision Energy gemeinsam rund 10 Milliarden US-$ in den Aufbau einer neuen Produktionsstätte investieren. Schwerpunktmäßig sollen dort Elektrofahrzeuge und Batterien produziert werden. Bereits 2017 hatte Chinas Automobilkonzern Geely 49,9 Prozent an Proton Holdings übernommen, dem Mutterkonzern des malaysischen Nationalautos Proton. In Vietnam wird der Grundstein zum Bau des ersten vietnamesischen Autos gelegt. Das Unternehmen Vinfast will Ende 2019 das erste Modell auf den Markt bringen und danach Elektroautos und Elektrobusse entwickeln. Da eigenes Know-how noch nicht hinreichend vorhanden ist, kooperiert Vinfast mit deutschen Branchengrößen wie BMW, Bosch, Siemens und ZF Friedrichshafen."

GTAI: Wachstumsmarkt ASEAN. Chancen in Südostasien 2019.
Unter: www.gtai.de (Zugriff: 06.03.2020)

5

Pkw-Absatz auf den drei Hauptmärkten

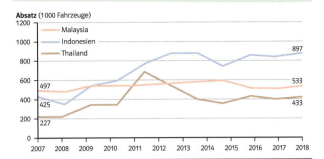

Nach GTAI: Wachstumsmarkt ASEAN. Chancen in Südostasien 2019

6

Produzierte Fahrzeuge in den ASEAN-Staaten mit eigener Automobilherstellung

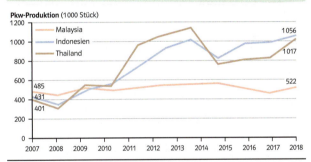

Nach GTAI: Wachstumsmarkt ASEAN. Chancen in Südostasien 2019

7

8 Der Proton SUV X70 – ein Produkt aus der größten Automobilfirma des ASEAN-Raums in Malaysia, erstes Modell unter der Regie des chinesischen Autobauers Geely (in Europa bekannt unter seiner Marke Volvo)

---

1 Beschreiben Sie die Entwicklung der ausländischen Investitionen im ASEAN-Raum sowie in ausgewählten Staaten des Wirtschaftsbündnisses.

2 Erläutern Sie, welche „Standortvorzüge" bereits weiter entwickelte Staaten potenziellen Investoren bieten können.

3 „Investitionen im Wirtschaftsraum ASEAN lohnen sich auf jeden Fall, egal in welchem seiner Mitgliedsstaaten."
Nehmen Sie zu dieser Aussage Stellung.

4 Begründen Sie, warum der Automobilsektor im Wirtschaftsraum ASEAN ein besonders interessantes Ziel für ausländische Investitionen ist.

7.3 Wirtschaftsbündnisse in ihrer globalen Bedeutung – ASEAN

Globale Partnerschaften

Bei aller Konkurrenz zwischen ökonomischen Bündnissen ist auch der ASEAN bewusst, dass ein Gelingen von Wirtschaftswachstum und Wohlstandsmehrung eine größere Chance hat, wenn man mit anderen starken Partnern kooperiert. Aus diesem Grund hat die ASEAN verschiedene Partnerschaftsabkommen geschlossen, z. B. mit den Nachbarn und ökonomischen Schwergewichten China, Japan und Südkorea. Seit rund 40 Jahren besteht auch eine enge Zusammenarbeit mit der Europäischen Union.

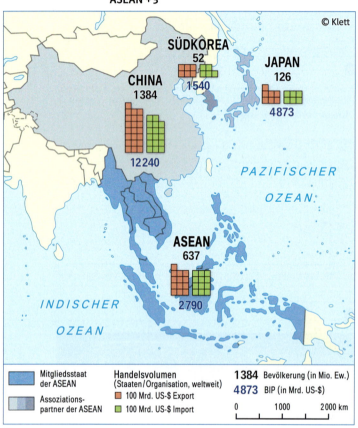

9 ASEAN +3
Nach ASEAN

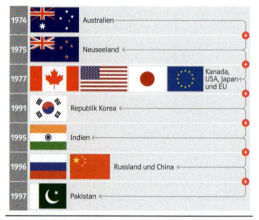

Nach ASEAN – Russia Summit 2016

11

Vision einer East-Asia-Community

Auf dem ASEAN +3-Gipfel in Manila 2017 verabschiedeten die Teilnehmer einen „Cooperation Work Plan 2018–2022". Dieser Plan ist eine Etappe auf dem Weg zu einer ostasiatischen Gemeinschaft im Jahr 2025. Die drei Arbeitsfelder sind Politik und Sicherheit, Wirtschaft und Finanzen sowie Gesellschaft und Kultur. Im wirtschaftlichen Bereich geht es um grundsätzliche Vereinbarungen in verschiedenen Bereichen:
Ausweitung von Handel und Investitionen; Stabilität der Finanzmärkte in der Region; persönliche Kontakte zwischen den Menschen und Entwicklung eines nachhaltigen Tourismus; gemeinsame Projekte in der Landwirtschaft zur Sicherung der Ernährungsbasis und schonende Nutzung der Wälder; sichere Energieversorgung und koordinierte Förderung von Bodenschätzen; Stärkung der Kleinst- bis mittelgroßen Unternehmen; verstärkte Zusammenarbeit in den Bereichen Wissenschaft, Technologie und Innovationen.

ASEAN-Außenhandel mit seinen +3-Partnern, 2017

	Exporte		Importe	
	Mrd. US-$	Anteil (%)	Mrd. US-$	Anteil (%)
insgesamt*	1 011,483	100,0	972,882	100,0
davon				
China	185,104	18,3	254,900	26,2
Japan	106,208	10,5	113,829	11,7
Südkorea	54,621	5,4	98,263	10,1

* ohne den Handel innerhalb der ASEAN-Staaten
Nach www.gtai.de (Zugriff: 03.03.2020)

10   12

ASEAN und Europäische Union

ASEAN–EU, Außenhandel (2018) und Investitionen (2017)

Handel	Mrd. US-$	Anteil (%)*
Exporte in die EU	140 292	15,5
Importe aus der EU	96 982	10,6
Investments (kumuliert bis 2017)		**Mrd. US-$**
EU in ASEAN		337
ASEAN in EU		141

*Anteil am gesamten externen Außenhandel
Nach EU Kommission 2019 und EU-Angaben

ASEAN: TOP-5-Exportgüter in die EU und TOP-5-Importgüter aus der EU, 2018

TOP-5-Exportgüter	Mrd. US-$	Anteil (%)*
Maschinen, Apparate, Metallwaren	59,895	42,7
chemische Erzeugnisse	12,990	9,3
Textilien, Bekleidung	12361	8,8
Schuhe, Hüte etc.	6,733	4,8
Kunststoffe, Gummi	6,068	4,3
TOP-5-Importgüter	**Mrd. US-$**	**Anteil (%)***
Maschinen, Apparate, Metallwaren	32,433	33,4
Fahrzeuge und andere Transportmittel	15,039	15,5
chemische Erzeugnisse	12,723	13,1
elektronische Erzeugnisse	5,210	5,4
mineralische Produkte	5,086	5,2

*Anteil an allen Ex- bzw. Importen
Nach EU Kommission 2019

14

EU-Kooperation

„Die Europäische Union und der ASEAN-Verband sind in vielerlei Hinsicht natürliche Partner. Beide Organisationen fördern den friedlichen Interessenausgleich und die Zusammenarbeit in ihren jeweiligen Regionen. Sowohl die EU […] wie auch die 10 ASEAN-Mitglieder setzen sich für eine multilaterale Weltordnung ein. Dabei eint sie die Überzeugung, dass sich die großen globalen Herausforderungen unserer Zeit, die Gestaltung der Globalisierung, der Klimawandel oder Handelsfragen, nur gemeinsam lösen lassen. […]
Gerade in Handelsfragen ziehen beide Organisationen an einem Strang und machen sich für einen freien Welthandel stark. Die EU ist bereits heute zweitgrößter Warenhandelspartner der ASEAN-Staaten. Bei den ausländischen Investitionen steht die EU sogar an erster Stelle. Außerdem ist der ASEAN-Raum ein wichtiger Knotenpunkt für Warenströme aus Europa. Täglich werden zahllose Güter aus der EU durch die Straße von Malakka […] transportiert, […].
Um den Handel zwischen der wirtschaftlich dynamischen ASEAN-Region und Europa noch weiter zu erleichtern, verhandelt die EU derzeit mit mehreren ASEAN-Mitgliedstaaten über Freihandelsabkommen. Langfristig verfolgen die EU und ASEAN das ambitionierte Ziel, freien Handel zwischen den beiden Wirtschafträumen insgesamt zu ermöglichen."

Auswärtiges Amt: EU und ASEAN – Partner für gemeinsames Handeln in Europa und Asien. (21.01.2019). Unter: www.auswaertiges-amt.de (Zugriff: 07.03.2020)

ASEAN–EU, Entwicklung des Außenhandels (aus Sicht der EU)

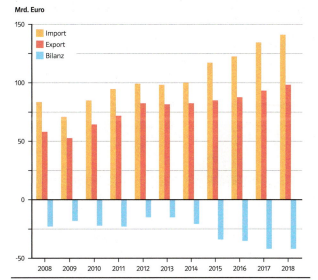

Nach Eurostat 2019

---

5 Arbeiten Sie wichtige Merkmale der Partnerschaften ASEAN +3 sowie ASEAN–EU heraus.

6 Es gibt mittlerweile auch den Begriff „ASEAN +6.
a) Erarbeiten Sie Informationen zu diesem Begriff.
b) Stellen Sie die Ergebnisse in Ihrem Kurs dar.

7 Vergleichen Sie Intentionen und Aspekte der beiden Partnerschaften.

8 Arbeitsanhang – Kompetenzen vernetzen und überprüfen

Als Vorbereitung auf Ihren weiteren Bildungsweg und auf Ihren beruflichen Werdegang müssen Sie in der gymnasialen Oberstufe einerseits in der Lage sein, den eigenen Lernprozess zu strukturieren, zu verbessern und zu reflektieren. Andererseits wird von Ihnen die Fähigkeit verlangt, das im Unterricht erworbene fachliche Wissen und methodische Können auch nachzuweisen und angemessen darzustellen, z. B. in Klausuren und letztendlich in der Abiturklausur.
Dieses Kapitel bietet Ihnen zunächst einmal eine Zusammenfassung der Gesamtthematik des Themenbandes mit den wichtigsten Fachbegriffen.

Anhand ausgewählter Arbeitsaufträge können Sie dann Ihre erworbenen Kompetenzen überprüfen. Die Lösungen zu diesen Aufgaben finden Sie im Online-Bereich. Sie erhalten dort auch Tipps zur erfolgreichen Bewältigung einer Klausur. Darüber hinaus bietet das Kapitel die Möglichkeit, mithilfe einer Musterklausur zu trainieren. Nützlich dafür ist auch die Übersicht im hinteren Buchdeckel, in der Anforderungsbereiche und Operatoren für Prüfungsaufgaben zusammengestellt sind.

8.1 Kompetenzen vernetzen

In kaum einer anderen Region des „Globalen Südens" gibt es eine solche Vielfalt an kulturellen und religiösen Traditionen wie in Südostasien. Seit Jahrhunderten vermischen sich hier Einflüsse aus China, Indien und dem arabischen Raum. Mit dem Kolonialismus hinterließ auch die westliche Welt ihre Spuren.

Die Region Südostasien ist aber auch eingebettet in einen vielfältigen Naturraum. Er bietet attraktive Landschaften, aber auch Naturrisiken. Plattentektonische Prozesse, Tsunamis und klimatische Extremereignisse wie Taifune stellen den Raum als Ganzes und die einzelnen Staaten mit ihren Bewohnern vor große Herausforderungen.

Alle elf Staaten der Region müssen versuchen, ihre über Jahrhunderte gewachsene kulturelle Identität auch im Zeitalter der Globalisierung zu bewahren. Gleichzeitig gilt es, sich im wirtschaftlichen Wettstreit – besonders mit den großen Nachbarn Indien und China – zu behaupten. Der Ferntourismus auf der Grundlage des vielfältigen Kultur- und Naturraumes bietet hierfür ein wirtschaftliches Potenzial. Eine weitere Chance sehen die einzelnen Staaten im Zusammenschluss zu regionalen Wirtschaftsbündnissen. Sie sollen nach dem Vorbild der Europäischen Union zu einer Stärkung der Wirtschaftskraft beitragen.

Am Beginn Ihrer Arbeit mit diesem Band stand die Frage nach der Vielfalt des südostasiatischen Kultur- und Wirtschaftsraumes. In den folgenden Kapiteln haben Sie dann analysiert,

- welche naturräumlichen Herausforderungen die südostasiatischen Länder und ihre Gesellschaften zu bewältigen haben,
- wie die Landwirtschaft ihre Rolle im Widerstreit zwischen globaler Wettbewerbsfähigkeit und ökologischer Nachhaltigkeit finden kann,
- ob der Ferntourismus einen Entwicklungsbeitrag leisten kann,
- welche regionalen Disparitäten bestehen und wie sie überwunden werden können,
- wie die Globalisierung die Verstädterung und Metropolisierung vorangetrieben hat und
- welche Rolle regionale Wirtschaftsbündnisse spielen können.

Wichtige Fachbegriffe

Ausländische Direktinvestitionen
Bevölkerungswachstum
Bruttoinlandsprodukt (BIP)
Dienstleistungen
Disparitäten
Entwicklungsland
Formeller Sektor
funktionale Primacy
Globalisierung
Global City
Handelsbilanz
Human Development Index (HDI)
Index of Primacy
Industrieland
Informeller Sektor
Infrastruktur
Kolonialzeit
Least Developed Countries (LDC)
Marginalisierung
Marginalsiedlung
Massentourismus
Megastadt (Megacity, Primatstadt)
Metropole
Monsun
nachhaltiger Tourismus
Passat
Plantage
Pro-Kopf-Einkommen
sanfter Tourismus (Ökotourismus)
Schwellenland (Newly Industrializing Country, Newly Industrialized Country)
Segregation
Slum
Sonderwirtschaftszone
Triade
Vegetationsperiode (Wachstumsperiode, Wachstumszeit)
Vereinte Nationen, UN (United Nations)
Vulnerabilität (Verwundbarkeit, Vulnerability)

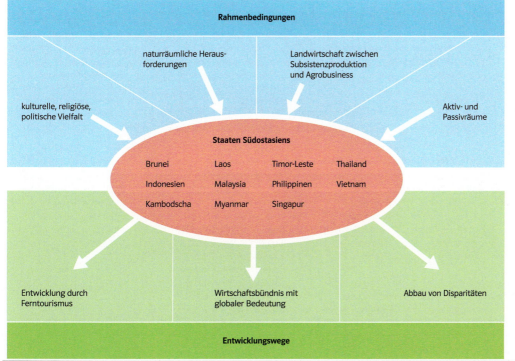

1 Südostasien: Rahmenbedingungen und Wege der Entwicklung

TERRA KOMPETENZ

8.2 Kompetenzen überprüfen

Überprüfen Sie – auch als Vorbereitung auf die Klausur – Ihre bei der Bearbeitung dieses Themenbandes erworbenen Kompetenzen. Hierzu finden Sie im Folgenden Aufgaben und Materialien, die ausgewählte Themen und Aspekte der vorangegangenen Kapitel aufgreifen.
Gehen Sie bei deren Bearbeitung wie folgt vor:
1. Erarbeiten Sie zunächst für jede Aufgabe schriftlich Ihre eigene Lösung.
2. Vergleichen Sie diese dann mit den Lösungshinweisen in der Internet-Begleitung zu diesem Band (Online-Link 5k5sa7).
3. Bewerten Sie nun Ihre eigene Lösung anhand einer Notenskala von 1 (sehr gut) bis 6 (ungenügend).
4. Überlegen Sie, mit welchen Maßnahmen und Methoden Sie eventuell festgestellte Lücken oder Defizite schließen bzw. beseitigen können.

Räumliche Orientierung

Karte zum Ausdrucken unter dem Online-Link 5k5sa7.

① Tragen Sie in die Karte je zwei vorwiegend vom Buddhismus und vom Islam geprägte Staaten ein.

② Stellen Sie in der Karte die Windverhältnisse während des Wintermonsuns dar.

③ Lokalisieren Sie fünf Raumbeispiele mit besonders hohem touristischen Potenzial.

④ Tragen Sie für einen ausgewählten Staat einen Aktiv- und einen Passivraum ein.

⑤ Lokalisieren Sie die wichtigsten Metropolen und die Global City dieses Raumes.

⑥ Tragen Sie 5 Mitgliedstaaten des ASEAN-Bündnisses ein.

Fachwissen

① Stellen Sie in einer knappen Übersicht die Vielfalt der Kulturen in Südostasien dar.

② Begründen Sie anhand geeigneter Atlaskarten die Gunstbedingungen für den Reisanbau in Südostasien.

③ Erklären Sie, warum die Menschen in Südostasien in besonderem Maße verschiedenen Naturrisiken ausgesetzt sind.

④ Begründen Sie die dominierende Stellung Bangkoks als Tourismuszentrum Thailands.

⑤ Erklären Sie Ursachen für die Entstehung räumlicher Disparitäten.

⑥ Charakterisieren Sie einzelne Phasen des Verstädterungsprozesses in Südostasien.

⑦ Beschreiben Sie die Stellung der ASEAN innerhalb der großen regionalen Wirtschaftsbündnisse.

Erkenntnisgewinnung durch Methoden

① Auswertung eines Modells
a) Erläutern Sie das nebenstehende Modell.
b) Vergleichen Sie dieses Modell mit dem „Wachstumsmodell" von Butler (SB S. 36).
c) „Die staatliche Förderung der touristischen Infrastruktur in einem Peripherraum ist keine Garantie für dessen Aufschwung." Begründen Sie diese Aussage.

② Gestalten Sie auf der Grundlage einer Internetrecherche eine Präsentation zum Thema „Die Niederländische Ostindien-Kompanie" – ein erster Global Player?"

③ Erstellen Sie – ausgehend von Modell 1 – ein Wirkungsgeflecht, das die Stagnation bzw. die wirtschaftlichen Schrumpfungsprozesse einer Region darstellt.

④ Auswertung einer thematischen Karte
a) Erklären Sie in M2 die Begriffe „Gefährdung" und „Vulnerabilität".
b) Analysieren Sie die Karte im Hinblick auf die Situation in Südostasien.
c) Vergleichen Sie diese Situation mit der im restlichen Asien und in Australien.

d) Erörtern Sie die Chancen für eine Verminderung der Gefährdung und der Vulnerabilität in Südostasien.

 Material
Karte Südostasien
5k5sa7

 Material
Lösungshinweise
5k5sa7

Kommunikation

1. Erläutern Sie in einem Kurzvortrag die Kolonialisierung Südostasiens durch europäische Mächte.

2. Erstellen Sie eine Bildfolge zum Naturraum Südostasiens.

3. Gestalten Sie eine Präsentation zur „Grünen Revolution" und ihren Ergebnissen in Südostasien.

4. Erklären Sie Ihrem Kurs anhand einer Tabelle die Unterschiede zwischen Massentourismus und „nachhaltigem Tourismus".

5. Verfassen Sie einen Zeitungskommentar zum Thema „Ferntourismus – eine Chance für die Länder Südostasiens?"

6. Gestalten Sie auf der Grundlage einer Internetrecherche eine Präsentation zur wirtschaftlichen Entwicklung des Peripherraumes Timor-Leste.

7. Stellen Sie in Form einer beschrifteten Fotocollage „Schattenseiten der Metropolisierung" in Südostasien dar.

Beurteilung und Bewertung

1. Diskutieren Sie den Ölpalmenanbau unter den Kriterien der Nachhaltigkeit.

2. „Vulnerabilität ist in erster Linie das Ergebnis von Armut."
Beurteilen Sie diese Aussage.

3. Überprüfen Sie Ihr persönliches Reiseverhalten anhand der Checkliste 3.

4. Beurteilen Sie das Potenzial für den Tourismus in Vietnam (Atlas, Internet).

5. Erörtern Sie die Behauptung, die räumlichen Disparitäten in Südostasien seien in erster Linie auf die Verkehrsgunst bzw. -ungunst zurückzuführen.

6. Erörtern Sie mögliche Probleme, Zielsetzungen und Motive für die Messung der „Globalität" von Städten und deren Ranking.

7. Beurteilen Sie die Stellung von Brunei, Thailand und Kambodscha innerhalb des Wirtschaftsbündnisses ASEAN.

Modell: Aufwertung einer Peripherieregion durch einen touristischen Wachstumspol

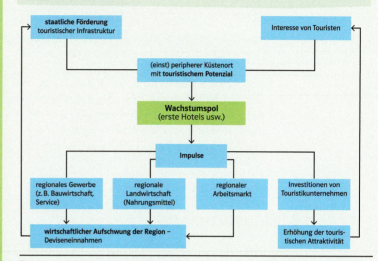

1

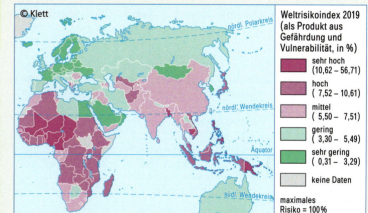

2 Weltrisikoindex 2019 (östliche Hemisphäre): Produkt aus Gefährdung und Vulnerabilität (in %)
Nach: WeltRisikoIndex 2019: Bündnis Entwicklung Hilft. S. 68

Persönliche Checkliste für ein nachhaltiges Reiseverhalten
- Mit welchen Verkehrsmitteln bewege ich mich zum und am Urlaubsort?
- Wie beansprucht mein Verhalten als Tourist die lokalen Ressourcen (z. B. Energie, Wasser, Rohstoffe)?
- Welche Folgen haben meine Reise und mein Konsumverhalten vor Ort für den lokalen Arbeitsmarkt (z. B. kurz- und langfristige Arbeitsplätze, Beschäftigung von Frauen)?
- Welche kulturellen Auswirkungen kann mein Verhalten am Urlaubsort verursachen (z. B. Neid, Bestätigung von Vorurteilen, Veränderung traditioneller Lebensgewohnheiten)?

3

TERRA KLAUSURTRAINING

Klausuren zählen zu den wichtigsten Leistungsnachweisen der gymnasialen Oberstufe. In ihrem Aufbau und im Anforderungsniveau unterscheiden sie sich kaum von den Abiturprüfungsaufgaben. Nur ihre Länge und der zu bearbeitende stoffliche Umfang sind geringer. Zur Vorbereitung auf die Abiturprüfung ist es also für Sie wichtig, das Lösen von Klausuraufgaben zu trainieren.

Vor der Bearbeitung des vorliegenden Klausurbeispiels sollten Sie sich zunächst noch einmal anhand des Operatorenkataloges im hinteren inneren Buchdeckel einen Überblick über die Anforderungsbereiche und Operatoren verschaffen. Sie entsprechen in Niveau und Inhalt genau den Vorgaben für die Abiturklausur.

8.3 Klausurbeispiel

Kambodscha – Entwicklungschancen durch Globalisierung?

1 Stellen Sie Kambodschas wirtschaftlichen und demografischen Entwicklungsstand dar.

2 Analysieren Sie Kambodschas Möglichkeiten und Schwächen im Hinblick auf eine wirtschaftliche Entwicklung.

3 Beurteilen Sie Kambodschas Chancen für eine erfolgreiche Teilhabe am Globalisierungsprozess.

Kambodscha – Daten und Fakten 2017/2018

Indikatoren		2017/2018		zum Vergleich: 1996
Fläche (km²)		181 035		181 035
Einwohner (1 000)		16 450		11 400
Bevölkerungswachstum (%/a)		1,48		2,71
Lebenserwartung (Jahre)		65,2		56,0
Bevölkerung in Städten (%)		23,8		14,6
Bevölkerung unter der Armutsgrenze (%)		16,5		86,2
BIP (Mrd. US-$)		22,09		3,5
BIP/Kopf (US-$, PPP)		4 000		1 200
BIP nach Wirtschaftssektoren (%)	I II III (ohne Tourismus) Tourismus	25,3 32,8 27,8 14,1	I II III (ohne Tourismus) Tourismus	67,1 15,3 17,1 < 0,5
Beschäftigte nach Wirtschaftssektoren (%)	I II III (ohne Tourismus) Tourismus	48,7 19,9 20,7 10,8	I II III (ohne Tourismus) Tourismus	78,8 9,1 12,1 k. A.
Exporte (Mrd. US-$)		11,4		1,8
Wichtigste Exportgüter (Rangfolge)		Bekleidung, Holz, Kautschuk, Reis, Fisch, Tabak, (Sport-)Schuhe		
Importe (Mrd. US-$)		14,4		3,1
Wichtigste Importgüter (Rangfolge)		Erdölprodukte, Zigaretten, Maschinen, Fahrzeuge, chemische Produkte		
HDI-Rang		143		(1995) 140

Eigene Zusammenstellung nach verschiedenen Quellen; u. a. CIA World Factbook

1

Material
10 Tipps für die Klausur
5k5sa7

Material
Lösungshinweise
5k5sa7

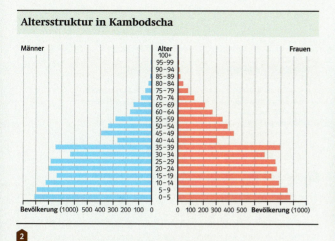

② Altersstruktur in Kambodscha

⑤ Phnom Penh: nördliche Downtown

③ Kambodscha – Landesnatur und Wirtschaft

④ Kambodscha – Tourismus

Makroökonomische Situation Kambodschas 2019

„Der größte regionale Wettbewerbsvorteil besteht in den geringen Personalkosten, was das Land auch weiterhin sehr attraktiv für arbeitsintensive Güterproduktionen wie Dienstleistungen erscheinen lässt. Kambodscha gehört mit einem durchschnittlichen Pro-Kopf-Einkommen von knapp 2 200 US-Dollar (2015, kaufkraftbereinigt) in der UN-Klassifizierung weiterhin zur Gruppe der Least Developed Countries (LDC). Dagegen wurde das Königreich durch die Weltbank aufgrund des anhaltend stabilen Wirtschaftswachstums, das zu einem Anstieg des nominalen BIP pro Kopf über den Grenzwert von 1 025 US-Dollar führte, zum 1. Juli 2016 als Lower Middle Income Country neu klassifiziert. Ob Kambodscha aber auch das selbstgesteckte Ziel, bis 2030 Upper Middle Income Country zu werden, erreichen wird, ist eher unwahrscheinlich.

Wohl gerade aufgrund des stetigen Wachstums um jährlich sieben Prozent in diesem Jahrzehnt wurden in den letzten Jahren allerdings grundlegende Reformen nicht für notwendig erachtet. Durch erhebliche Handelserleichterungen der Europäischen Union und massive Geberunterstützung unterliegt Kambodschas Wettbewerbsfähigkeit nur begrenzt marktwirtschaftlichen Bedingungen, was sich in einigen Jahren bitter rächen könnte. Neben fehlenden rechtsstaatlichen Strukturen sind dafür vor allem ein sehr geringes Reservoir an qualifizierten Facharbeitern, hohe Energiekosten und eine unzureichende Verkehrsinfrastruktur ausschlaggebend. Außerdem haben lokale wie internationale Unternehmen häufig mit sehr langsamen und gleichzeitig extrem korruptionsanfälligen Behörden zu kämpfen, die sich immerhin als langfristiges Ziel Compliance-Standards nach dem Vorbild Singapur gesetzt haben. Aktuell schneidet Kambodscha aber im Global Competitiveness Report 2018 noch deutlich schlechter als die unmittelbaren Nachbarn Thailand und Vietnam ab."

Markus Karbaum: Kambodscha. Wirtschaftsordnung. (Februar 2020)
Unter: www.LIPortal.de (Zugriff: 06.03.2020)

⑥

8.3 TERRA KLAUSURTRAINING

Arbeitsanhang – Kompetenzen vernetzen und überprüfen

7 Chinas Planungen in Kambodscha im Rahmen der „Neuen Seidenstraße"
Nach CSIS

Weaknesses (Schwächen)	Threats (Risiken)
– noch immer geringe Verkehrsinfrastruktur – zu viel Bürokratie – mangelnde Finanz- und Rechtssicherheit – geringe Qualifikation der Arbeitskräfte	– weit verbreitete Korruption – Abwanderung qualifizierter Arbeitskräfte – Geldabfluss durch Importfinanzierungen – hohe Abhängigkeit von ausländischen Hilfen

10 Kambodscha – zentrale Schwächen und Risiken

Kambodschas Tourismus

„Auch in Zukunft soll der Sektor eine bedeutende Stütze der Wirtschaft des Königreichs bleiben. Regierungsplänen zufolge wird der Tourismus im Jahr 2028 trotz der angestrebten Diversifizierung der verarbeitenden Industrie noch 12,1 Prozent am kambodschanischen BIP ausmachen. Als Voraussetzung dafür gelten jedoch nachhaltige Investitionen in den Sektor. Diese sollen jährlich um etwa 6,4 Prozent zulegen, um dann 2028 ein Volumen von 1,53 Milliarden US-Dollar zu erreichen.

Vorläufigen Angaben des Tourismusministeriums zufolge reisten im Jahr 2018 etwa 6,2 Millionen Touristen nach Kambodscha. Das waren 11 Prozent mehr als im Vorjahr. Im Jahr 2025 könnte die Zahl 12 Millionen Einreisende erreichen, wird erwartet. Mit 70 Prozent wurde 2018 die größte Steigerungsrate gegenüber 2017 für Besucher aus China registriert: Gut 2 Millionen von ihnen traten die Reise in das Königreich an. Zwei Drittel der Kambodschareisenden lösten ein Flugticket, ein Drittel kam über den Land- oder Seeweg. Der Großteil steuert die Hauptstadt Phnom Penh und die Kulturhochburg Siem Reap an, die Küstenorte insbesondere um die Hafenstadt Sihanoukville gewinnen an Bedeutung, während ökotouristische Ziele erst langsam populär werden. Gerade diese Nische, für die Kambodscha Investoren gewinnen will und muss, könnte für europäische Unternehmen interessant werden.

Die 5,6 Millionen Besucher, die im Jahr 2017 die Tempelanlagen Angkor Wat sowie die anderen Touristenattraktionen bereisten, generierten laut dem Ministry of Tourism Einnahmen in der Größenordnung von 3,6 Milliarden US$. Diese Devisenquelle soll in Zukunft noch stärker sprudeln. Denn allein die Zahl der chinesischen Touristen soll weiter wachsen: auf 3 Millionen (2020), 5 Millionen (2025) und 8 Millionen (2030) Besucher belaufen sich die Prognosen. Dem Ranking des World Travel & Tourism Council zufolge rangiert Kambodscha, was das Wachstum im Tourismussektor 2018 angeht, unter 185 Ländern auf Platz 76; belegt allerdings Rang 12, wenn es um die langfristige Entwicklung für die kommenden zehn Jahre bis 2018 geht."

Michael Sauermost: Kambodscha will das Tourismusgeschäft weiterentwickeln. (02.04.2019) Unter: www.gtai.de/ (Zugriff: 10.03.2020)

Zufluss von ADI nach Kambodscha und seinen Nachbarn

	ADI (Mrd. US-$)			
	2011	2013	2015	2017
Kambodscha	0,9	1,3	1,7	2,7
Laos	0,5	0,4	1,1	1,7
Thailand	2,5	15,9	8,9	9,1
Vietnam	7,5	8,9	11,8	14,1

Nach GTAI 2019

8

Zufluss an ADI (in Mrd US-$) nach Kambodscha nach Sektoren, 2017

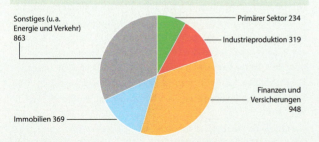

- Sonstiges (u.a. Energie und Verkehr) 863
- Primärer Sektor 234
- Industrieproduktion 319
- Finanzen und Versicherungen 948
- Immobilien 369

Nach GTAI 2019

9

11

8.4 Glossar

A

Ausländische Direktinvestitionen (ADI, engl. Foreign Direct Investment, FDI): Kapitalanlagen im Ausland durch Erwerb von Eigentumsrechten, z. B. an Immobilien, Niederlassungen, Geschäftsanteilen, Unternehmen.

B

Bevölkerungswachstum: absolute Zunahme der Bevölkerung eines bestimmten Raumes; das Bevölkerungswachstum geht entweder auf Geburtenüberschüsse zurück (sog. natürliches Bevölkerungswachstum: positive Differenz zwischen Geburten- und Sterberate) oder auf ein positives Migrationssaldo (Differenz aus Zu- und Abwanderung) bzw. entsteht durch eine Kombination beider Faktoren.

Bruttoinlandsprodukt (BIP): Diese Zahl erfasst den Geldwert für alle Güter, die von den Erwerbstätigen eines Staates in einem Jahr produziert und auch verkauft wurden sowie die Einnahmen aus → Dienstleistungen, die dabei auf Ausländer entfallenden Leistungen sind mit eingeschlossen.

D

Dienstleistungen: immaterielle Güter bzw. wirtschaftliche Leistungen, bei denen Produktion und Verbrauch zeitlich zusammenfallen und die deswegen nicht lagerfähig oder transportierbar sind; allgemein unterschieden wird zwischen konsumorientierten Dienstleistungen, d. h. solchen, die von Privatpersonen nachgefragt werden (z. B. Einzelhandel, medizinische Dienstleistungen), und unternehmensorientierten Dienstleistungen, die von Unternehmen nachgefragt werden (z. B. Unternehmensberatung, Marketing).

Disparitäten: Ungleichheiten (Entwicklungsunterschiede) zwischen Ländern bzw. Regionen, die sich vor allem in unterschiedlichen Lebensbedingungen bzw. -chancen und wirtschaftlichen Entwicklungsmöglichkeiten äußern; zu unterscheiden ist zwischen diesen räumlichen Disparitäten und sozialen Disparitäten, d. h. Unterschieden in den Lebensbedingungen einzelner Bevölkerungsgruppen.

E

Entwicklungsland: Land, das in Bezug auf seine wirtschaftliche, soziale und politische Entwicklung einen relativ niedrigen Stand aufweist; Merkmale sind z. B. ein hohes → Bevölkerungswachstum, unzureichende Nahrungsmittelversorgung, hohe Analphabetenquote, niedriges → Pro-Kopf-Einkommen und Kapitalmangel.

F

Formeller Sektor: im Gegensatz zum → Informellen Sektor jener Zweig der Wirtschaft, der steuerlich erfasst ist und durch gesetzliche Vorschriften oder Auflagen geregelt wird.

funktionale Primacy: Vorrangstellung einer Stadt gegenüber den nächstgrößeren Städten eines Landes, wenn die ausgeprägte Dominanz – zusätzlich zum Bevölkerungsübergewicht – in allen Lebensbereichen besteht (hohe Konzentration von politisch-administrativen, wirtschaftlichen, sozialen sowie kulturell-wissenschaftlichen Funktionen und insbesondere auch von Macht- und Entscheidungsträgern).

G

Globalisierung: Bezeichnung für die transnationale Vernetzung der Systeme, Gesellschaften und Märkte; Ziel ist die vollständige Ausbildung eines Weltmarktes, also die weltweite Ausbreitung von Produktion und Absatz von Waren und → Dienstleistungen über alle Staatsgrenzen hinweg; das Kapital hat dabei eine noch nie da gewesene Mobilität; Grundlage sind der weltweite Informationsaustausch (z. B. Internet) und leistungsfähige Transportmöglichkeiten.

Global City: eine Weltstadt mit besonders starker Integration in die Weltwirtschaft; Kriterien: hohe Einwohnerzahl, internationales Finanzzentrum, Standort von Hauptquartieren oder Regionalzentren von Global Playern, hohe (welt-)politische Bedeutung, Sitz großer internationaler Institutionen, rapides Anwachsen des Dienstleistungssektors, Knotenpunkt internationaler Transportnetze.

H

Handelsbilanz: Aufrechnung des Exports gegen den Import eines Landes in einem Jahr; aktive (positive) Handelsbilanz: Wert der Exporte übersteigt den der Importe, passive (negative) Handelsbilanz: Wert der Importe übersteigt den der Exporte.

Human Development Index (HDI, Index der menschlichen Entwicklung): Maßzahl für den Stand der menschlichen Entwicklung; drei Indikatoren sind maßgebend: Lebenserwartung, Bildungsgrad und → Pro-Kopf-Einkommen der Menschen.

I

Index of Primacy: Quotient zwischen der Einwohnerzahl der größten und zweitgrößten Stadt eines Landes; Indikator für die demographische Primacy.

Industrieland: Land mit einem hohen wirtschaftlichen Entwicklungsstand, Merkmale sind der hohe Anteil der Industrie und der Dienstleistungen am → BIP und eine relativ geringe Bedeutung des Primären Sektors; Industrieländer haben ein hohes → Pro-Kopf-Einkommen, ein hohes Bildungsniveau und ein geringes → Bevölkerungswachstum.

Informeller Sektor: jener Zweig/Sektor der Wirtschaft, der weder von der Steuer erfasst noch von anderen gesetzlichen Vorschriften geregelt wird; als „Schattenwirtschaft" kommt der Informelle Sektor besonders häufig in → Entwicklungsländern vor (z. B. Schuhputzer, Kinderarbeit in der Teppichindustrie, ambulanter Kleinhandel); Gegensatz → Formeller Sektor.

Infrastruktur: Gesamtheit der Einrichtungen eines Raumes, die die Grundlage für die wirtschaftlichen Tätigkeiten in diesem Raum darstellen, z. B. Einrichtungen für Verkehr, Bildung, Ver- und Entsorgung.

K

Kolonialzeit: Zeit der Kolonialisierung; von den Entdeckungen des 15. Jh. an mit Höhepunkt in der Zeit des Imperialismus (1870–1914); Erwerb und Ausbeutung (meist) überseeischer Gebiete (Kolonien) durch europäische Großmächte in Verbindung mit der Beherrschung von deren Bevölkerung.

L

Least Developed Countries (LDC): von den → Vereinten Nationen geführte Liste der Gruppe der am wenigsten entwickelten Länder, die in den drei Kriterien → Pro-Kopf-Einkommen, Humanressourcen und wirtschaftliche Verwundbarkeit einen bestimmten Schwellenwert unterschreiten; → Human Development Index; diese Länder erhalten besondere Konditionen, z. B. bei der Vergabe von Hilfeleistungen; → Human Development Index.

M

Marginalisierung: sozialer Abstieg von Bevölkerungsgruppen in eine wirtschaftliche, gesellschaftliche und physische Randexistenz, besonders verbreitet in den → Entwicklungsländern; in den → Industrieländern weisen Bezeichnungen wie „Neue Armut" oder „Working Poor" auf die Folgen derartiger Prozesse hin; räumlicher Ausdruck der Marginalisierung sind die → Slums bzw. → Marginalsiedlungen.

Marginalsiedlung: Hüttensiedlung bzw. Siedlung mit unzureichender Bausubstanz und → Infrastruktur; können am Rande oder im Innern der Stadt liegen; im zweiten Fall spricht man von → Slums.

Massentourismus: in organisierter Form und in größeren Gruppen stattfindende Form des Tourismus mit massenhafter Reisetätigkeit, in deren Ergebnis stark frequentierte und meist ökologisch überbelaste Zielgebiete entstehen.

Megastadt (Megacity, Primatstadt): Metropole mit mindestens 10 Mio. Einwohnern, einer hohen Bevölkerungsdichte und einer monozentrischen Struktur (im Unterschied zu einer polyzentrischen Agglomeration oder Megalopolis, die aus mehreren Städten besteht).

Metropole: Hauptstadt eines Landes oder Millionenstadt mit im nationalen Maßstab herausragenden politischen, wirtschaftlichen, kulturellen und gesellschaftlichen Funktionen.

Monsun: Windsystem in Asien; im Winter trockener Wind aus Zentralasien kommend, im Sommer feuchter Wind vom Chinesischen Meer bzw. Pazifik her wehend.

N

nachhaltiger Tourismus: das Bereisen fremder Länder unter schonendem Umgang mit einheimischer Wirtschaft, Gesellschaft und Natur mit dem Ziel, diese für künftige Generationen zu erhalten.

P

Passat: Winde, die aus den subtropischen Hochdruckgürteln zur äquatorialen Tiefdruckrinne wehen (Passatzirkulation); Teil der allgemeinen Planetarischen Zirkulation in den niederen Breiten zwischen etwa 35° N und 30° S im Jahresmittel; diese Strömung verläuft als Höhenostströmung bzw. in Bodennähe als Nordost- und Südostpassat.

Plantage: kapital- und arbeitsintensiver, hochmechanisierter landwirtschaftlicher Großbetrieb der Pflanzenproduktion in den Tropen und Subtropen; Anbau von Dauerkulturen, überwiegend von exportorientierten Produkten: Tee, Bananen, Zuckerrohr, Kaffee oder Ölpalmen; zur Plantage gehören auch die technischen Anlagen zur Weiterverarbeitung der Erzeugnisse sowie Wohnsiedlungen und Verwaltungsgebäude für die Arbeiter.

8.5 Sachregister

Pro-Kopf-Einkommen: häufig benutzter statistischer Mittelwert zur Kennzeichnung des Entwicklungsstandes eines Landes, der sich aus der Division des → Bruttosozialproduktes oder → Bruttoinlandsprodukts durch die Bevölkerungszahl ergibt.

S

sanfter Tourismus (Ökotourismus): sanfter Tourismus (→ nachhaltiger Tourismus, Ökotourismus: Nachhaltige Form des Reisens und des Tourismus vor Ort, die sowohl auf ökologische als auch auf soziale und wirtschaftliche Folgen Rücksicht nimmt und damit die negativen Formen und Folgen des → Massentourismus zu korrigieren versucht.

Schwellenland (Newly Industrializing Country, Newly Industrialized Country): Land, das in seiner wirtschaftlichen Entwicklung gegenüber einem → Entwicklungsland weit fortgeschritten ist und sich „an der Schwelle" zum → Industrieland befindet; Kriterium für die Zuordnung ist der höhere Anteil der Industrie am → BIP und die geringere Agrarquote; die soziale Entwicklung kann z.T. mit der ökonomischen nicht mithalten.

Segregation: Prozess der räumlichen Trennung und Abgrenzung unterschiedlicher gesellschaftlicher Gruppen, Ethnien, Religionsgemeinschaften usw.; innerhalb einer Stadt kann dies zu einer Fragmentierung führen, d. h. zu deren Auflösen in sozial stark gegensätzliche Viertel.

Slum: Elendssiedlung (auch Elendsviertel), meist ausgeprägt in den Großstädten der → Entwicklungsländer; man unterscheidet die innerstädtischen Elendssiedlungen (Slums i. e. S.) und die randstädtischen Elendssiedlungen (→ Marginalsiedlungen).

Sonderwirtschaftszone: abgegrenztes Territorium mit rechtlichem Sonderstatus (besonderes Wirtschafts- und Steuerrecht); Sonderwirtschaftszonen bieten Anreize für ausländische Unternehmen mit exportorientierter Produktion; Ziel der Einrichtung einer solchen Zone ist die Steigerung von in- und ausländischen Investitionen (→ ADI).

T

Triade: → Welthandelstriade

V

Vegetationsperiode (Wachstumsperiode, Wachstumszeit): Anzahl der Tage, während der Pflanzenwachstum möglich ist; vorwiegend temperaturabhängig (Tagesmittelwert über 5 °C).

Vereinte Nationen, UN (United Nations): Internationale Dachorganisation (fast) aller Länder der Erde; 1945 in San Francisco auf einer Konferenz der Siegerstaaten des Zweiten Weltkriegs gegründet; erhebt aufgrund ihrer großen Mitgliederzahl quasi Universalitätsanspruch.

Vulnerabilität (Verwundbarkeit, Vulnerability): Grad der Gefährdung durch existenzbedrohende Ereignisse sowie das Fehlen von Reaktionsmöglichkeiten zur Folgeneindämmung.

W

Welthandelstriade (Triade): Bezeichnung für die drei Kernräume der Weltwirtschaft und des → Welthandels Nordamerika, → EU und Ostasien.

(G) kennzeichnet die im Glossar definierten Begriffe.

ADI
   → ausländische Direktinvestitionen
Agenda 2030
   (UN-Agenda, Nachhaltigkeit) 41
Agrobusiness 28
Aktivraum 44–46
Aquakulturen 24, 30/31, 41
ASEAN 12, 55, 57, 60, 73, 80–89, 92/93
ASEAN +3 81, 88/89
Ausländische Direktinvestitionen
(ADI) (G) 53, 59, 71, 73, 80, 83, 86

Bevölkerung, Gefahr für 14–23, 74–79
Bevölkerung,
   wirtschaftliche Auswirkungen
      20, 27, 32, 37, 40, 44–47, 59,
      67–69, 75–79, 86
Bevölkerungsdichte 16, 45, 49, 52/53, 68
Bevölkerungsstruktur
   (Altersstruktur) 8, 49, 94–96
Bevölkerungsverteilung 45, 52/53, 68/69
Bevölkerungswachstum (G) 27, 40, 49,
      67–69, 74, 94–96
Bruttoinlandsprodukt (BIP) (G)
      20, 24, 32, 37, 39, 45–49,
      53, 59, 62, 72/73, 81–83, 94–96

Cash Crops 25

demografische Primacy 69
Dienstleistungen (G) 49, 58/59, 72,
      86, 94–96
Disparitäten (G) 27, 37–39, 44–63

Entwicklungsland (G) 35, 38, 41, 43, 68,
      76, 84
Entwicklungsphasen,
   wirtschaftliche 84/85
El Niño 23
Erdbeben 14–17, 18/19, 20, 35
Europäisierung 9

Ferntourismus 32–43, 91–93
Formeller Sektor (G)
   → Informeller Sektor
funktionale Primacy (G) 69/70

8.5 Arbeitsanhang – Kompetenzen vernetzen und überprüfen

Globalisierung (G) 10, 55, 67, 70, 80, 88/89, 91, 94–96
Global City (G) 64, 70–72, 81, 92
Großmacht 10, 12/13
Grüne Revolution 27
Handelsbilanz (G) 37, 50/51

Human Development Index (HDI, Index der menschlichen Entwicklung) (G) 37, 45/46, 49, 53, 73, 94/96

Index of Primacy (G) 69
Indisierung 9
Industrieland (G) 36, 84
Informeller Sektor (G) 37, 49, 83
Infrastruktur (G) 18, 20, 23, 27, 28, 35, 38, 47, 50/51, 53–57, 62, 64, 66/67, 74/75, 79, 80, 86, 92, 94–96
Insellage 7, 14, 16, 18
Investition 32, 35, 38, 42, 45–47, 49–51, 53, 55–57, 58–62, 69, 70–73, 80, 86–89, 94–96
Islamisierung 9

Klimadiagramm 22, 52
Klimaphänomen 22/23
Kolonialzeit (G) 6, 51, 66
Kolonie 10, 47, 48, 66
Konzept der „Korridore" 55
Kooperation, internationale 54/55, 56/57, 89
Kreuzfahrten 41
Kulturelle Vielfalt 6, 9, 34, 44, 91, 92

Landwirtschaft 26–27, 28–29, 30–31, 39, 44, 49–51, 58/59, 74, 88, 91, 95
Least Developed Countries (LDC) (G) 8, 95

Marginalisierung (G) 76–78
Marginalsiedlung (G) 64, 67, 76/77
Massentourismus (G) 36–39, 93
Megastadt (Megacity, Primatstadt) (G) 15, 64–65, 68, 78
Metropole (G) 22, 35, 38, 44, 64, 66, 68/69, 70, 72, 76–79, 92
Metropolisierung 38, 64/65, 68/69, 74/75, 92
Monsun (G) 15, 22, 78, 92, 94–96
Müllproblem 37, 40, 42, 64, 75

nachhaltiger Tourismus (G) 40/41
Nachhaltigkeit (ökologische, soziokulturelle) 40–43
Naturgefahr 14/15, 78/79
Niederländische Ostindien-Kompanie (VOC) 10

Overtourism 40/41, 43

Palmöl 24, 28/29
Passat (G) 22/23
Passivraum 44–47, 92
Phasenmodell 38
Plantage (G) 24/25, 28/29
Pro-Kopf-Einkommen (G) 45, 95

Reisanbau 24/25, 26/27, 29, 54, 74, 92
Raumanalyse 58–63
Rohingya 11, 48

sanfter Tourismus (Ökotourismus) (G) 62
Schwellenland (Newly Industrializing Country, Newly Industrialized Country) (G) 20, 61, 64, 84
Segregation (G) 13, 76/77
Seidenstraße, Neue 10, 12/13, 47, 50, 53, 56/57, 94–96
Sinisierung 9
Slum (G) 74–78
Sonderwirtschaftszone (G) 45, 55–57
Subsistenzproduktion 24–31, 74
Stadtentwicklung 65–73
Stadtplanung 67, 72, 74
SWOT-Analyse 58/59, 72/73

Taifun 15, 16, 20/21, 91
Tektonik 15, 16/17
Triade (G) → Welthandelstriade (Triade)
Tsunami 15, 17, 18/19, 35, 36, 91

Umweltproblem, Umweltbelastung 32, 36, 40–42, 74–75, 77
Urbanisierung 67, 68

Vegetationsperiode (Wachstumsperiode, Wachstumszeit) (G) 26/27
Vereinte Nationen, UN (United Nations) (G) 41, 45, 47, 94–96
Verstädterung → Metropolisierung
Verstädterungsgrad 65, 67
Verstädterungsrate 67
VOC → Niederländische Ostindien-Kompanie (VOC)
Vulkanismus 15, 16/17, 35
Vulnerabilität (Verwundbarkeit, Vulnerability) (G) 16, 20, 64, 78/79, 92/93

Wachstumsmodell (Butler-Modell) 36, 92
Wachstumspol, touristischer 38, 93
Welthandelstriade (Triade) (G) 81
Wertschöpfung 49, 58–61, 72
Wirbelsturm, tropisch 15, 20/21
Wirtschaftsbündnis 80–83, 86–89, 91, 92/93
Wirtschaftsentwicklung 6–8, 12/13, 20, 32–39, 44–47, 50–63, 80–89, 91, 93, 94–96

Zyklon 15, 20/21

8.6 Nachweise

Cover Getty Images Plus (cristaltran), München; **4.1** Alamy stock photo (Sergio Delle Vedove), Abingdon, Oxon; **4.2** Alamy stock photo (Peter Loud), Abingdon, Oxon; **4.3** Getty Images (Moment / Jakkree Thampitakkull), München; **4.4** Mauritius Images (Olaf Schubert), Mittenwald; **5.5** Alamy stock photo (robertharding), Abingdon, Oxon; **5.6** Alamy stock photo (Pacific Press Agency), Abingdon, Oxon; **5.7** Picture-Alliance (Athit Perawongmetha / Reuters), Frankfurt; **5.8** stock.adobe.com (Syda Productions), Dublin; **6.1** Alamy stock photo (Sergio Delle Vedove), Abingdon, Oxon; **7.1** AF; **7.2** Bernd Schröder: Wie China das Malakka-Dilemna umschiffen will, v. 10.05.2018, unter: https://www.heise.de/tp/features/Wie-China-das-Malakka-Dilemma-umschiffen-will-4038728.html?seite=all (Zugriff: 22.01.2020); **8.1** Eigene Zusammenstellung nach verschiedenen Quellen, v. a. Statista, CIA World Factbook; **8.2** Eckenfelder, Bettina, Hörselberg-Hainich nach CIA World Factbook: Timor-Leste 2018.; **8.3** Nach Monika Schlicher: Osttimor, v. 03/2020, unter: https://www.liportal.de/osttimor/wirtschaft-entwicklung/ (Zugriff: 22.01.2020); **8.4** Eckenfelder, Bettina, Hörselberg-Hainich nach CIA World Factbook: Indonesien 2018; **8.5** Nach Klaus Fuhrmann: Indonesien, v. Februar 2020, unter: https://www.liportal.de/indonesien/gesellschaft (Zugriff: 22.01.2020); **9.1** Klett-Archiv, Stuttgart; **10.1** Alamy stock photo (Historic Images), Abingdon, Oxon; **10.2** By Golradir – Variation of Image:VOC-Amsterdam.png, which is based on Image:Voc logo.jpg., Public Domain, https://commons.wikimedia.org/w/index.php?curid=894578; **10.3** iStockphoto (ErikdeGraaf), Calgary, Alberta; **11.4** Nach: Südostasiens verdeckte Spannungsfelder. In: Neue Zürcher Zeitung v. 14.2.2007 (Zugriff: 22.01.2020); **11.5** Getty Images (Fred Dufour / AFP), München; **11.6** Nach: UN-Vorermittlungen zu Vertreibung von Rohingya starten, v. 19.09.2018, unter: https://www.kleinezeitung.at/international/5498485/Massaker-der-Armee_UNVorermittlungen-zu-Vertreibung-von-Rohingya (Zugriff: 22.01.2020); **12.1** Klett-Archiv, Stuttgart; **12.2** Eckenfelder, Bettina, Hörselberg-Hainich; **13.3** Stefanie Schmitt (GTAI): Mit der neuen Seidenstraße erweitert China seine Spielräume in Südostasien v. 06.11.2017, unter: https://www.gtai.de/gtai-de/trade/wirtschaftsumfeld/bericht-wirtschaftsumfeld/china/mit-der-neuen-seidenstrasse-erweitert-china-seine-spielraeume-12156; (Zugriff: 21.04.2020); **13.4** Nach: CIA World Factbook 2019; **13.5** Getty Images Plus (MasterLu), München; **14.1** Alamy stock photo (Peter Loud), Abingdon, Oxon; **15.1** Klett-Archiv, Stuttgart; **15.2** Karl Vorlaufer: Südostasien. Darmstadt: Wissenschaftliche Buchgesellschaft. 3. Auflage 2018. S.15 und 31.; **16.1 B** Alamy stock photo (Jack Picone), Abingdon, Oxon; **16.1A** Getty Images (Arlan Naeg / AFP), München; **16.2** AF; **16.3** Starkes Erdbeben erschüttert Birma und Thailand, Süddeutsche Zeitung Online v. 25.03.2011, unter: https://www.sueddeutsche.de/panorama/naturkatastrophe-in-suedostasien-starkes-erdbeben-erschuettert-birma-1.1076967; **17.4** Klett-Archiv, Stuttgart; **17.5** Schaar, Wolfgang, Grafing; **18.1** Schaar, Wolfgang, Gräfing, nach www.aktion-deutschland-hilft.de/de/fachthemen/natur-humanitaere-katastrophen/tsunamis/das-richtige-verhalten; **18.2** Alamy stock photo (Mark Pearson), Abingdon, Oxon; **18.3** Schaar, Wolfgang, Grafing; **19.4** Picture-Alliance (Soeren Stache), Frankfurt; **19.5** Abb.: GITEWS; **20.1** Alamy stock photo (imagegallery2), Abingdon, Oxon; **20.2** Nach: Rodion Ebbighausen: Katastrophe bremst wirtschaftliche Entwicklung, In: Deutsche Welle v. 11.11.2013, unter: https://www.dw.com/de/katastrophe-bremst-wirtschaftliche-entwicklung/a-17219297; **20.3** Klett Archiv, Stuttgart nach Karl Vorlaufer: Südostasien. Darmstadt: Wissenschaftliche Buchgesellschaft. 3. Auflage 2018. S. 32; **21.4** Schaar, Wolfgang, Grafing; **21.5** Klett-Archiv, Stuttgart; **22.1** Jäckel, Diana, Erfurt; **22.2** Klett-Archiv, Stuttgart; **22.3** Alamy stock photo (SOPA Images), Abingdon, Oxon; **22.4** Alamy stock photo (Reynold Sumayku), Abingdon, Oxon; **23.5** Getty Images (Passararin Jongsereechoke / EyeEm), München; **23.6** Klett-Archiv, Stuttgart; **24.1** Getty Images (Moment / Jakkree Thampitakkull), München; **25.1** Klett-Archiv, Stuttgart; **26.1** Schaar, Wolfgang, Grafing; **26.2** iStockphoto (lanolan), Calgary, Alberta; **26.2** iStockphoto (flytosky11), Calgary, Alberta; **26.2** iStockphoto (TommyIX), Calgary, Alberta; **27.3** Nach: Statistical Pocket Book of Indonesia, verschiedene Jahrgänge, sowie eigenen Berechnungen; **28.1** Alamy stock photo (RDW Aerial Imaging), Abingdon, Oxon; **28.2** Norbert von der Ruhren; Landschaftszonen – Möglichkeiten und Grenzen agrarischer Nutzung. In Norbert von der Ruhren (Hrsg.): Naturgeographische Grundlagen wirtschaftlichen Handelns. Unterrichtspraxis SII, Band 5. Halbergmoosj Aulis 2014; **28.3** Eckenfelder, Bettina, Hörselberg-Hainich nach Foreign Agricultural Service/USDA, April 2015 und Statista 2019; **28.5** Ulrich Scholz: Der Ölpalmboom in Indonesien und Malaysia aus ökonomischer, sozialer und ökologischer Sicht. In: Mitteilungen der Geographischen Gesellschaft, München, Bd. 90/2008, S. 50; **29.6** Deutsche Gesellschaft für Internationale Zusammenarbeit, GIZ (Hrsg.): Nachwachsende Rohstoffe für die stoffliche Nutzung – Auswirkungen für Entwicklungs- und Schwellenländer. Bonn und Eschborn 2011; **29.7** Klett-Archiv, nach Idsert Jelsma, Ken Giller, Thomas Fairhurst: Smallholder Oil Palm Production Systems in Indonesia. Lessons from the NESP Ophir Project. Wageningen University, 2009; **29.8** Eckenfelder, Bettina, Hörselberg-Hainich nach USDA Foreign Agricultural Service; **30.1** Getty Images Plus (Jacob Maentz), München; **30.2** Eckenfelder, Bettina, Hörselberg-Hainich, nach Moritz Koch: Fisch ist aus. In: Süddeutsche Zeitung Wissen 6/2009; **30.3** Dirk Asendorpf: Fisch aus dem Stall, Deutschlandfunk Kultur v. 30.06.2015, unter: https://www.deutschlandfunkkultur.de/aquakultur-fisch-aus-demstall.976.de.html?dram:article_id=323963 (Zugriff: 18.2.2020); **31.4** Dirk Asendorpf: Fisch aus dem Stall, Deutschlandfunk Kultur. Zeitfragen v. 30.06.2015, unter: https://www.deutschlandfunkkulturde/aquakultur-fisch-aus-dem-stall.976.de.html?dram:article_id=323963 (Zugriff: 18.2.2020); **31.5** Gerd Hubold und Rainer Klepper: Integrierte landwirtschaftliche Systeme. In: Die Bedeutung von Fischerei und Aquakultur für die globale Ernährungssicherung. Thünen Working Paper 3. Braunschweig Mai 2013, unter: https://www.thuenen.de/media/publikationen/thuenen-workingpaper/ThuenenWorkingPaper_03.pdf (Zugriff: 18.02.2020); **31.6** Nach: FAO.org yearbook 2016: Fishery and Aquaculture Statistics; **31.7** Tom Vierus: Shrimpfarmen und das große Sterben der Mangrovenwälder, v. 12.3.2015, unter: https://https://diefreiheitsliebe.de/gesellschaft/wer-shrimps-isst-zerstoert-die-mangroven/ (Zugriff: 18.02.2020); **32.1** Mauritius Images (Olaf Schubert), Mittenwald, **33.1** Eckenfelder, Bettina, Hörselberg-Hainich nach UNWTO international Tourism Highlights 2019, S. 17; **33.2** Karl Vorlaufer: Südostasien. Darmstadt: Wissenschaftliche Buchgesellschaft 2018. S. 203/204; **33.3** Zusammengestellt und berechnet (Einnahmen pro Tourist) nach UNWTO interna-tional Tourism Highlights 2019. S. 19; **34.1** Klett-Archiv, Stuttgart; **35.2** Karl Husa/ Rüdiger Korff/ Helmut Wohlschlägl (Hrsg.): Südostasien. Gesellschaften, Räume und Entwicklung. Wien: newacademic press 2018. S. 280; **35.3** Alamy stock photo (Watchtheworld), Abingdon, Oxon; **35.4** Eckenfelder, Bettina, Hörselberg-Hainich nach UNWTO 2016 und 2019; **36.1** Eckenfelder, Bettina, Hörselberg-Hainich nach Hans Gebahrdt u.a. (Hrsg.): Geographie, Heidelberg: Spektrum Akademischer Verlag - neue (2.) Auflage 2016, S. 721; **36.2** Karl Vorlaufer: Südostasien. Wissenschaftliche Buchgesellschaft 2018. S. 196-198; **37.3** laif (Paul Hahn), Köln; **37.4** Jo Angerer und Johannes Höflich: Thailand – das bedrohte Urlaubsparadies. In: SWR Fernsehen betrifft: vom 28.01.2019, unter https://www.swrfernsehen.de/betrifft/broadcastcontrib-swr-38950~_currentSlide-2_-a9e368cb37a7fe4c57193179bc4c60e782d03065.html (Zugriff: 25.02.2020); **37.5** Zusammengestellt nach verschiedenen Quellen; v.a. CIA World Factbook, GTAI; **38.6** Klett-Archiv, nach Karl Vorlaufer: Tourismus in Entwicklungsländern. Darmstadt: Wissenschaftliche Buchgesellschaft, 1996, S. 166; **38.7** Alamy stock photo (Navapon Plodprong), Abingdon, Oxon; **39.8** Karl Vorlaufer: Südostasien. Wissenschaftliche Buchgesellschaft 2018, S. 206-207; **39.9** Klett-Archiv, Stuttgart; **39.10** Alamy stock photo (Leonid Serebrennikov), Abingdon, Oxon; **40.1** Alamy stock photo (Harry Green), Abingdon, Oxon; **40.2** Nadine Rummel: Overtourism: Touristen bevölkern beliebte Urlaubsziele – zum Leid der Bevölkerung, v. 24.08.2018, unter: https://www.tourcert.org/overtourism (Zugriff: 25.02.2020); **40.3** Tobias Schwab: „Was an Kreuzfahrten problematisch ist? Alles", Frankfurter Rundschau Online v. 11.06.17, unter: https://

www.fr.de/ratgeber/reise/was-kreuzfahrten-problematisch-ist-alles-11042567.html (Zugriff: 25.02.2020) © Alle Rechte vorbehalten. Frankfurter Rundschau GmbH, Frankfurt.; **41.4** Bundesministerium für wirtschaftliche Zusammenarbeit und Entwicklung: Tourismus – eine Chance für nachhaltige Entwicklung (2020), unter: https://www.bmz.de/de/themen/nachhaltige_wirtschaftsentwicklung/tourismus/index.html (Zugriff: 25.02.2020); **41.5** Picture-Alliance (Lothar Ferstl), Frankfurt; **41.6** Eckenfelder, Bettina, Hörselberg-Hainich; **42.7** Schaar, Wolfgang, Gräfing, nach Karl Vorlaufer: a.a.O. 2018, S. 202; **42.8** Karl Vorlaufer: Südostasien. Wissenschaftliche Buchgesellschaft, Darmstadt 2018. S.201; **42.9** Alamy stock photo (PE Forsberg), Abingdon, Oxon; **42.10** Karl Vorlaufer: Südostasien. Wissenschaftliche Buchgesellschaft, Darmstadt 2018. S.201; **43.11** Picture Press (Stern / Gerhard Haderer), Hamburg; **43.12** Kirsten Praller: Vietnam, In: planet-wissen.de v. 27.07.2016, unter: https://www.planet-wissen.de/kultur/asien/vietnam/index.html; **44.1** Alamy stock photo (robertharding), Abingdon, Oxon; **45.1** Klett-Archiv, Stuttgart; **46.2** Eigene Zusammenstellung nach verschiedenen Quellen, v.a. CIA World Factbook 2019* Daten von 2015/2016; **46.3 oben** Alamy stock photo (Tom Vater), Abingdon, Oxon; **46.3 unten** Alamy stock photo (Sean Sprague), Abingdon, Oxon; **47.4** Klett-Archiv, Stuttgart; **47.5** Bundesministerium für wirtschaftliche Zusammenarbeit und Entwicklung: Timor-Leste 2020, unter: https://www.bmz.de/de/laender_regionen/asien/timor_leste/index.jsp (Zugriff: 26.02.2020); **47.7** Eckenfelder, Bettina, Hörselberg-Hainich; **48.1** Klett-Archiv, Stuttgart; **49.2** Eigene Zusammenstellung, überwiegend nach CIA World Factbook 2019; **49.3** Oliver Pye: Thailand – ökonomische Situation 2019, v. Januar 2020, unter: https://www.liportal.de/thailand/wirtschaft-entwicklung/#c29405 (Zugriff: 27.02.2020); **49.4** Eckenfelder, Bettina, Hörselberg-Hainich nach CIA World Factbook 2019; **49.5** Eckenfelder, Bettina, Hörselberg-Hainich nach CIA World Factbook 2019; **49.6** Frauke Schmitz-Bauerdick: Wirtschaftsausblick – Myanmar, v. 19.6.2019, unter: https://www.gtai.de/GTAI/Navigation/DE/Trade/Maerkte/Wirtschaftsklima/wirtschaftsausblick,t=wirtschaftsausblick--myanmar-juni-2019,did=2318188.htmlhttps://www.gtai.de (Zugriff: 27.02.2020); **50.7** GTAI: Thailand, Wirtschaftsdaten kompakt, Mai 2019; **50.8** GTAI: Thailand, Wirtschaftsdaten kompakt, Mai 2019; **50.9** Eckenfelder, Bettina, Hörselberg-Hainich nach GTAI - Germany Trade & Invest: Thailand, Wirtschaftsdaten kompakt, 5/2019 (Mai 2019); **50.10** Eckenfelder, Bettina, Hörselberg-Hainich nach GTAI - Germany Trade & Invest: Thailand, Wirtschaftsdaten kompakt, 5/2019 (Mai 2019); **50.11** Oliver Pye, Thailand. Wirtschaft und Entwicklung, v. Januar 2020, unter: https://www.liportal.de/thailand/wirtschaftentwicklung (Zugriff: 27.02.2020); **51.12** Myanmar. Wirtschaft und Entwicklung (November 2019), unter: https://www.liportal.de/myanmar/wirtschaft-entwicklung (Zugriff: 27.02.2020); **51.13** GTAI: Myanmar, Wirtschaftsdaten kompakt, Mai 2019, auch unter: https://www.gtai.de/gtai/de/trade/wirtschaftsumfeld/wirtschaftsdaten-kompakt/myanmar/wirtschaftsdaten-kompakt-myanmar-156744; **51.14** GTAI: Myanmar, Wirtschaftsdaten kompakt, Mai 2019, auch unter: https://www.gtai.de/gtai/de/trade/wirtschaftsumfeld/wirtschaftsdaten-kompakt/myanmar/wirtschaftsdaten-kompakt-myanmar-156744; **51.15** Eckenfelder, Bettina, Hörselberg-Hainich nach GTAI – Germany Trade & Invest: Myanmar, Wirtschaftsdaten kompakt, 5/2019 (Mai 2019); **51.16** Eckenfelder, Bettina, Hörselberg-Hainich nach GTAI - Germany Trade & Invest: Myanmar, Wirtschaftsdaten kompakt, 5/2019 (Mai 2019); **52.17** Klett-Archiv, Stuttgart; **52.18** Klett-Archiv, Stuttgart; **52.19** Jäckel, Diana, Erfurt; **53.20** Frank Malerius: China treibt neue Seidenstraße in Indonesien voran, v. 02.04.2019, unter: https://www.gtai.de/gtai/de/trade/branchen/branchenbericht/indonesien/china-treibt-neue-seidenstrasse-in-indonesien-voran-22978 (Zugriff: 28.02.2020); **53.21** https://www.auswaertiges-amt.de/de/aussenpolitik/laender/indonesien-node/indonesiensicherheit/212396#content_0, Februar 2020 (Zugriff: 27.02.2020); **53.22** Statistik Indonesia / Statistical Yearbook of Indonesia 2017, in: https://www.bps.go.id/website/pdf_publikasi/Statistik-Indonesia-2017.pdf, verschiedene Seiten; **54.1** Alamy stock photo (Tibor Bognar), Abingdon, Oxon; **54.3** Klett-Archiv, Stuttgart; **55.4** Klett Archiv, Stuttgart nach Economic Research Institute for ASEAN and East-Asia: Mekong-India Economic Corridor Development. Concept Paper 2009; **55.5** Economic Research Institute for ASEAN and East-Asia: Mekong-India Economic Corridor Development. Concept Paper 2009; **56.6** Klett-Archiv, Stuttgart; **56.7** Stefanie Schmitt, Waldemar Duscha, Lisa Flatten, Rainer Jaensch, Frauke Schmitz-Bauerdick: Südostasien. Eisenbahnprojekte vernetzen die Region. In: Im Fokus. Neue Seidenstraße. Chinas massives Investitionsprogramm, hrsg. v. Germany Trade & Invest (GTAI), unter: https://china.ahk.de/fileadmin/AHK_China/News/20180130_Im_Fokus_NeueSeidenstrasse_WEB.pdf (Zugriff: 27.02.2020), S. 8; **57.8** Frauke Schmitz-Bauerdick: Vietnam zurückhaltend gegenüber maritimer Seidenstraße. v. 30.10.2017, unter: https://www.gtai.de/gtai/de/trade/branchen/branchenbericht/vietnam/vietnam-zuruechkaltend-gegenueber-maritimer-seidenstrasse-17620; **57.9** Klett-Archiv, Stuttgart; **58.1** Klett-Archiv, Stuttgart; **59.3** Eckenfelder, Bettina, Hörselberg-Hainich nach Weltbank 2019; **59.4** wko.at/statistik/laenderprofile/lp-vietnam.pdf (Zugriff: 28.02.2020); **59.5** Frauke Schmitz-Bauerdick, Investitionsklima und -risiken - Vietnam, v. 07.02.2018, unter: https://www.gtai.de/gtai/de/trade/wirtschaftsumfeld/investitionsklima/vietnam/investitionsklima-und-risiken-vietnam-12108; **59.6** Eckenfelder, Bettina, Hörselberg-Hainich; **59.7** Klett-Archiv, Stuttgart; **60.8** Alamy stock photo (ton koene), Abingdon, Oxon; **60.9** Kyssha Mah: Wertschöpfungskette verschiebt sich von China nach Vietnam, v. 13.2.2019, unter: https://www.vietnam-briefing.com/news/wertschopfungskette-verschiebt-sich-von-china-nach-vietnam.html/ (Zugriff: 28.02.2020); **60.10** Frauke Schmitz-Bauerdick: Vietnams Bekleidungsindustrie muss sich modernisieren, v. 14.08.2017, unter: https://www.gtai.de/gtai-de/trade/branchen/branchenbericht/vietnam/vietnams-bekleidungsindustrie-muss-sich-modernisieren-9596 (Zugriff: 03.03.2020); **60.11** Vietnam. Ein Land im Konsumrausch, Handelsblatt Online v. 24.10.2015, unter: https://www.handelsblatt.com/unternehmen/mittelstand/wachstumsmaerkte/vietnam-widrigkeiten-fuer-deutsche-unternehmen/12481372-3.html; **61.12** Eine Einführung in Vietnams Import & Export Industrien, v. 26.03.2015, unter: https://www.vietnam-briefing.com/news/eine-einfhrung-vietnams-import-export-industrien.html/; **61.13** dpa, Foxconn will Produktion nach Vietnam verlagern, v. 24.06.2019 © dpa Deutsche Presse-Agentur GmbH.; **61.14** Frauke Schmitz-Bauerdick: Vietnam treibt die Vernetzung der Produktion voran, v. 24.06.2019, unter: https://www.gtai.de/gtai/de/trade/branchen/branchenbericht/vietnam/vietnam-treibt-die-vernetzung-der-produktion-voran-102368; **61.15** Eckenfelder, Bettina, Hörselberg-Hainich nach https://www.vietnam-briefing.com/news/wp-content/uploads/2015/03/VB-2014-4-issue_cover2-copy.jpg ((c) asia briefing Ltd.); **61.16** Eckenfelder, Bettina, Hörselberg-Hainich. Quelle: General Statistics Office of Vietnam. (c) Statista 2019; **62.17** Klett-Archiv, Stuttgart; **62.18** Thomas Vitzthum: Eine Reise ins alte Vietnam – bevor es zu spät ist, WELT Online v. 02.07.2018, unter: https://www.welt.de/reise/Fern/article178468782/Eine-Reise-ins-alte-Vietnam-bevor-es-zu-spaet-ist.html; **62.19** Shintya Felicitas: Vietnams Tourismusindustrie boomt und konkurriert mit den Nachbarn, v. 20. März 2019, unter: https://www.asiafundmanagers.com/de/vietnam-tourismusindustrie/; **63.20** Shintya Felicitas: Vietnams Tourismusindustrie boomt und konkurriert mit den Nachbarn, v. 20. März 2019, unter: https://www.asiafundmanagers.com/de/vietnam-tourismusindustrie/; **63.21** NAB: Vietnam behauptet sich in der Tourismuswelt, v. 18.01.2019, unter: https://www.travelnews.ch/destinationen/11148-vietnam-behauptet-sich-in-der-tourismuswelt.html; **63.22** Udo: Vietnam setzt auf Luxus-Tourismus, v. 20. März 2019, unter: https://www.asien.org/vietnam-setzt-auf-luxus-tourismus; **63.23** Getty Images Plus (Oleh_Slobodeniuk), München; **63.24** Eckenfelder, Bettina, Hörselberg-Hainich nach UNWTO 2016; **63.25** Eckenfelder, Bettina, Hörselberg-Hainich nach Vietnam National Administration of Tourism und General Statistics Office of Vietnam (GSO).; **64.1** Alamy stock photo (Pacific Press Agency), Abingdon, Oxon; **65.1** Klett-Archiv, Stuttgart; **65.2** Heineberg, Heinz: Stadtgeographie. UTB 2166. Paderborn: Schöningh, 5. Auflage 2017. S. 351–352; **66.3** Alamy stock photo (The

Picture Art Collection), Abingdon, Oxon; **66.4** Heinz Heineberg: Stadtgeographie. Paderborn: Schöningh, 5. Auflage 2017, S. 351 – 352; **66.5** Getty Images Plus (flocu), München; **67.6** Alamy stock photo (Leo Lintang), Abingdon, Oxon; **67.7** Nach: CIA Factbook 2020 und DSW-Datenreport 2018; **67.8** Heineberg, Heinz: Stadtgeographie. Paderborn: Schöningh, 5. Auflage 2017, S. 355 – 356; **68.9** Klett-Archiv, Stuttgart; **69.10** Karl Vorlaufer: Südostasien. Darmstadt: Wissenschaftliche Buchgesellschaft. 3. Auflage 2018, S. 97; **69.11** Alamy stock photo (Stefano Politi Markovina), Abingdon, Oxon; **70.12** Alamy stock photo (Gregory Bergman), Abingdon, Oxon; **71.14** Nach: Kearney.com unter https://www.atkearney.com/global-cities/2019; **71.15** Karl Vorlaufer: Südostasien. Darmstadt: Wissenschaftliche Buchgesellschaft. 3. Auflage 2018, S. 209 – 211; **72.16** Klett-Archiv, Stuttgart; **73.20** Eckenfelder, Bettina, Hörselberg-Hainich nach UNCTAD: World Investment Report 2019. Key Messages and Overview; **73.21** Deutsche Botschaft Singapur, 2020: Kunst und Kultur in Singapur, unter: https://singapur.diplo.de (Zugriff: 03.03.2020); **73.22** Alamy stock photo (ZUMA Press), Abingdon, Oxon; **73.24** Claudia Finner: Singapur. Bildung und Wissenschaft, unter: https://www.daad.de/de/laenderinformationen/asien/singapur/ueberblick-bildung-und-wissenschaft/ (Zugriff: 03.03.2020); **74.1** Nach Jürgen Bähr und Ulrich Jürgens: Stadtgeographie II. Braunschweig: Westermann 2009, S. 281; **74.1** Nach Karl Vorlaufer: Südostasien. Darmstadt: Wissenschaftliche Buchgesellschaft. 3. Auflage 2018, S. 96, aktualisiert anhand verschiedener Quellen; **74.1** Schaar, Wolfgang, Grafing; **74.2** Karl Vorlaufer: Südostasien. Darmstadt: Wissenschaftliche Buchgesellschaft. 3. Auflage 2018, S. 96; **74.3** Sandra Kurfürst: Stadtentwicklung und Urbanismus in Südostasien. In: Karl Husa, Rüdiger Korff, Helmut Wohlschlägl (Hrsg.): Südostasien. Wien. new academic press 2018. S. 175; **75.4** Alamy stock photo (Frederic Soreau), Abingdon, Oxon; **75.5** Karl Vorlaufer: Südostasien. Darmstadt: Wissenschaftliche Buchgesellschaft. 3. Auflage 2018, S. 104 -105; **75.6** Alamy stock photo (Pacific Press Agency), Abingdon, Oxon; **75.7** Karl Vorlaufer: Südostasien. Darmstadt: Wissenschaftliche Buchgesellschaft. 3. Auflage 2018, S. 105 – 106; **75.8** Annika Sepeur: Indonesien will Hauptstadt verlegen, auf: tagesschau.de vom 08.08.2019, unter: https://www.tagesschau.de/ausland/indonesien-neue-hauptstadt-101.html; **76.9** Nina Pelz und Manfred Rist: Leben unter Toten. In: Neue Zürcher Zeitung vom 27.05.2016, unter: https://www.nzz.ch/international/asien-und-pazifik/der-friedhof-als-zuhause-leben-unter-toten-in-manila-ld.85155; **76.10** Eckenfelder, Bettina, Hörselberg-Hainich; **77.11** Alamy stock photo (Peter Treanor), Abingdon, Oxon; **77.12** Karl Vorlaufer: Südostasien. Darmstadt: Wissenschaftliche Buchgesellschaft. 3. Auflage 2018, S. 99 – 100; **77.13** Thomas Krause im Gespräch mit Nightingale Keyes, in: Misereor, Entwicklung findet Stadt. Dossier 7-2017. S. 15, unter: https://www.misereor.de/fileadmin/publikationen/dossier-entwicklung-findet-stadt.pdf; **77.14** stock.adobe.com (Artur Golbert), Dublin; **78.15** 123rf Germany, c/o Inmagine GmbH (feelart), Nidderau; **78.16** Karl Vorlaufer: Südostasien. Darmstadt: Wissenschaftliche Buchgesellschaft. 3. Auflage 2018, S. 107; **79.18** Klett-Archiv, Stuttgart; **79.19** Eckenfelder, Bettina, Hörselberg-Hainich nach WeltRisikoBericht 2014. Hrsg. von Bündnis Entwicklung Hilft und United Nations University-EHS, S. 44; **80.1** Picture-Alliance (Athit Perawongmetha / Reuters), Frankfurt; **81.1** Klett-Archiv, Stuttgart; **81.2** Eigene Zusammenstellung nach verschiedenen Quellen; **82.3** Klett-Archiv, Stuttgart; **82.4** Klett-Archiv, Stuttgart; **83.5** Eigene Zusammenstellung nach verschiedenen Quellen, bes. DESTATIS und CIA World Factbook; **83.6** Nach: CIA World Factbook 2019; **83.7** Deutsche Bank: Neun Fakten über ASEAN, v. 16.04.2019, unter: https://www.db.com/newsroom_news/2019/neun-fakten-ueber-asean-de-11469.htm (Zugriff: 06.03.2020); **84.1** Picture-Alliance (Nguyen Huy Kham / Reuters), Frankfurt; **84.2** Picture-Alliance (REUTERS / Edgar Su), Frankfurt; **84.3** Alamy stock photo (Godong), Abingdon, Oxon; **84.4** Alamy stock photo (Joerg Boethling), Abingdon, Oxon; **85.5** Nach: Karl Vorlaufer, Südostasien. Darmstadt: Wissenschaftliche Buchgesellschaft. 3. Auflage 2018, eränvdert und ergänzt; **85.5** Eckenfelder, Bettina, Hörselberg-Hainich; **86.1** GTAI: Wachstumsmarkt ASEAN. Chancen in Südostasien, v. 20.02.2019, unter: https://www.gtai.de/gtai-de/trade/wirtschaftsumfeld/im-fokus/indonesien/im-fokus-wachstumsmarkt-asean-chancen-in-suedostasien-46602, S. 4; **86.2** ASEAN Investment Report 2018, Unter: https://unctad.org/en/PublicationsLibrary/unctad_asean_air2018d1.pdf https://unctad.org/en/PublicationsLibrary/unctad_asean_air2018d1.pdf, Part One, S.5; **86.3** Diagramm aus (dort: Part One, S.4): https://unctad.org/en/PublicationsLibrary/unctad_asean_air2018d1.pdf; **86.4** Eckenfelder, Bettina, Hörselberg-Hainich nach UNCTAD 2018; **87.5** GTAI: Wachstumsmarkt ASEAN. Chancen in Südostasien, v. 20.02.2019, unter: https://www.gtai.de/gtai-de/trade/wirtschaftsumfeld/im-fokus/indonesien/im-fokus-wachstumsmarkt-asean-chancen-in-suedostasien-46602; **87.6** Eckenfelder, Bettina, Hörselberg-Hainich nach GTAI – Germany Trade & Invest: Wachstumsmarkt ASEAN. Chancen in Südostasien 2019. Auch unter: https://www.gtai.de/GTAI/Content/DE/Trade/Fachdaten/PUB/2019/02/pub201902188000_21119_im-fokus:-wachstumsmarkt-asean---chancen-in-suedostasien.pdf; **87.7** Eckenfelder, Bettina, Hörselberg-Hainich nach GTAI - Germany Trade & Invest: Wachstumsmarkt ASEAN. Chancen in Südostasien 2019. Auch unter: https://www.gtai.de/GTAI/Content/DE/Trade/Fachdaten/PUB/2019/02/pub201902188000_21119_im-fokus:-wachstumsmarkt-asean---chancen-in-suedostasien.pdf; **87.8** Getty Images (AFP), München; **88.9** Klett-Archiv, Stuttgart; **88.10** https://www.gtai.de/GTAI/Content/DE/Trade/Fachdaten/MKT/2016/11/mkt201611222039_12922_wirtschaftsdaten-kompakt---asean.pdf?v=6, S. 3-4; **88.11** Eckenfelder, Bettina, Hörselberg-Hainich nach http://en.russia-asean20.ru/infographics/20160304/7744.html; **89.13** EU Kommission 2019; Nach EU-Angaben; **89.14** EU Kommission 2019; **89.15** Auswärtiges Amt: EU und ASEAN – Partner für gemeinsames Handeln in Europa und Asien, v. 21.01.2019, unter: https://www.auswaertiges-amt.de/de/aussenpolitik/regionaleschwerpunkte/asien/eu-asean-aussenministertreffen-21-01-19/2179170 (Zugriff: 07.03.2020); **89.16** Eckenfelder, Bettina, Hörselberg-Hainich nach Eurostat 2019; **90.1** stock.adobe.com (Syda Productions), Dublin; **91.1** Eckenfelder, Bettina, Hörselberg-Hainich; **93.1** Eckenfelder, Bettina, Hörselberg-Hainich; **93.2** Klett Archiv, Stuttgart, nach WeltRisikoIndex 2019: Bündnis Entwicklung Hilft. S. 68; **94.1** Eigene Zusammenstellung nach verschiedenen Quellen, u.a. CIA World Factbook; **95.2** Eckenfelder, Bettina, Hörselberg-Hainich; **95.3** Klett-Archiv, Stuttgart; **95.4** Klett-Archiv, Stuttgart; **95.5** Alamy stock photo (Jack Malipan Travel Photography), Abingdon, Oxon; **95.6** Markus Karbaum: Kambodscha. Wirtschaftsordnung, v. Februar 2020, unter: https://www.liportal.de/kambodscha/wirtschaft-entwicklung/#c763; **96.7** Klett Archiv, Stuttgart, Center for Strategic and International Studies - Reconnecting Asia. Unter: https://reconnectingasia.csis.org/ (Zugriff: 05.05.2020); **96.8** Nach GTAI 2019; **96.9** Eckenfelder, Bettina, Hörselberg-Hainich nach GTAI – Germany Trade & Invest 2019; **96.11** Michael Sauermost: Kambodscha will das Tourismusgeschäft weiterentwickeln, v. 02.04.2019, unter: https://www.gtai.de/gtai-de/trade/branchen/branchenbericht/kambodscha/kambodscha-will-das-tourismusgeschaeft-weiterentwickeln-22958 (Zugriff: 10.03.2020)

Sollte es in einem Einzelfall nicht gelungen sein, den korrekten Rechteinhaber ausfindig zu machen, so werden berechtigte Ansprüche selbstverständlich im Rahmen der üblichen Regelungen abgegolten.

Anforderungsbereiche und Operatoren

Nach einer Vereinbarung der Kultusminister sollen die Prüfungsanforderungen im Abitur in allen Bundesländern vergleichbar sein. Diese Vergleichbarkeit soll dadurch hergestellt werden, dass sich die Leistungen der Prüflinge möglichst differenziert erfassen lassen. Dazu werden drei Anforderungsbereiche unterschieden, denen Operatoren zugeordnet sind.

Um diesen Anforderungsbereichen gerecht zu werden, aber auch um den Prüflingen das Verständnis für die Aufgabenstellung in den Klausuren zu erleichtern, sind den Anforderungsbereichen sogenannte **Operatoren** zugeordnet. Sie sind als Verben formuliert (z. B. beschreiben, erläutern, beurteilen) und geben an, was der Schüler in der Prüfung konkret tun soll.

Die nebenstehende Übersicht bietet Ihnen eine Hilfe zum Verständnis sowohl der Anforderungsbereiche als auch der Aufgabenstellungen in allen Klausuren der Oberstufe bis hin zu den Abiturklausuren sowie in der mündlichen Abiturprüfung.

Dieses Schülerbuch verwendet in seinen Aufgaben bewusst die Operatoren, damit die Schülerinnen und Schüler den Umgang mit ihnen trainieren können.

Anforderungsbereiche	Erläuterungen
Anforderungsbereich I	
Reproduktion Der Anforderungsbereich I umfasst das Wiedergeben und Darstellen von fachspezifischen Sachverhalten aus einem begrenzten Gebiet und im gelernten Zusammenhang sowie die Verwendung gelernter und geübter Arbeitstechniken und Methoden.	– Wiedergeben von grundlegendem Fachwissen unter Verwendung der Fachterminologie – Bestimmen der Art des Materials – Entnehmen von Informationen aus unterschiedlichen Materialien – Benennen und Anwenden von Arbeitstechniken und Methoden
Anforderungsbereich II	
Reorganisation und Transfer Der Anforderungsbereich II umfasst das selbstständige Bearbeiten, Ordnen und Erklären bekannter Sachverhalte sowie das angemessene Anwenden gelernter Inhalte und Methoden.	– Erklären kategorialer, struktureller und zeitlicher Zusammenhänge – sinnvolles Verknüpfen und Einordnen unterschiedlicher (z. B. politischer, ökonomischer, soziologischer, historischer, raumspezifischer) Sachverhalte – Unterscheiden zwischen Sach- und Werturteil
Anforderungsbereich III	
Reflexion und Problemlösung Der Anforderungsbereich III umfasst den reflexiven Umgang mit neuen Problemstellungen, den eingesetzten Methoden und gewonnenen Erkenntnissen, um zu Begründungen, Folgerungen, Beurteilungen und Handlungsoptionen zu gelangen.	– selbstständiges Erörtern unterschiedlicher Sachverhalte – Entfalten einer strukturierten, multiperspektivischen und problemorientierten Fragestellung – Reflektieren der eigenen Urteilsbildung – problemorientiertes Umsetzen von Kenntnissen und Erkenntnissen in gestaltender Form